제사와 축문

제사와 축문

발행일   2018년 9월 28일
개정증보판 2021년 12월 10일

지은이   하태완
펴낸이   손형국
펴낸곳   (주)북랩
편집인   선일영   편집   정두철, 배진용, 김현아, 박준, 장하영
디자인   이현수, 한수희, 김윤주, 허지혜, 안유경   제작   박기성, 황동현, 구성우, 권태련
마케팅   김회란, 박진관
출판등록   2004. 12. 1(제2012-000051호.)
주소   서울특별시 금천구 가산디지털 1로 168, 우림라이온스밸리 B동 B113~114호, C동 B101호
홈페이지   www.book.co.kr
전화번호   (02)2026-5777   팩스   (02)2026-5747

ISBN   979-11-6836-056-3 03380(종이책)   979-11-6836-057-0 05380(전자책)

(주)북랩 성공출판의 파트너

북랩 홈페이지와 패밀리 사이트에서 다양한 출판 솔루션을 만나 보세요!

홈페이지 book.co.kr   •   **블로그** blog.naver.com/essaybook   •   **출판문의** book@book.co.kr

작가 연락처 문의 ▸ ask.book.co.kr

작가 연락처는 개인정보이므로 북랩에서 알려드릴 수 없습니다.

현대인이라면 꼭 알아야 할 가정 예법

제사와 축문

하태완 지음

개정증보판

북랩 book Lab

증보판 머리말

조선 시대에 『주자가례』에 의하여 관혼상제(冠婚喪祭)에 관한 전통예절(傳統禮節)의 기본이 정착되면서 주자학이 국가의 기본강령으로 확립되어 왕가와 조정 중신에서부터 시작하여 점차 사대부(士大夫)의 집안으로, 그리고 백성들에까지 보편화되기에 이르렀습니다.

그러나 『주자가례』를 기본으로 하여 만들어진 전통예절이 오늘날 우리의 현실과 일부 괴리되는 면이 있어서 사람들은 전통예절을 까다롭고 번거롭게 생각하면서 세대 간 갈등을 야기시키는 원인이 된다고 느끼기도 하지만 전통예절은 예(禮)와 효(孝)를 숭상하는 우리나라의 가족제도를 발달시키는 데 크게 이바지하였다는 사실은 많은 사람이 인정하고 있습니다.

비록 하루가 다르게 변해가는 시대에 우리는 살고 있기 때문에 시대에 따라서 변할 것은 변해야 하겠지만 우리 고유의 전통예절에 대한 기본 정신만은 세대 간에도 공유할 부분이 매우 많습니다.

그럼에도 불구하고 우리는 짧은 기간에 지역 간 또는 세대 간에 너무나 차이가 급격하게 나타나면서 문제가 발생하고 있습니다. 설상가상으로 이 땅에 서양의 문물이 물밀 듯이 들어오면서 옛날부터 내려온 우리의 아름다운 전통예절과 문화는 고리타분한 것이고, 서양 사람들의 생활예절과 문화는 새롭고 선진화된 것처럼 받아들이면서, 우리의 미풍양속(美風良俗)인 전통예절과 문화에 대한 긍지와 맥락을 상실해 가는 현실을 보면서 너무나 안타까운 생각이 듭니다.

조선 시대에는 『주자가례』가 우리의 정신적 지주가 되고 모든 전통예절이 사회를 떠받치는 원동력과 국민을 하나로 이어주는 가교의 역할을 하였습니다. 처음에는 전통예절은 유교와 관련이 매우 깊었지만 점차 우리 고유의 미풍양속으로 정착화되면서 종교와는 차별화되는 우리의 전통예절로 자리매김해 왔습니다.

어린이가 예의가 없거나 예절을 제대로 모르면 철이 없다고 질책하면서 바꿀 것을 요구하면서도, 일부 어른들은 전통예절에 대하여 제대로 이해하지 못하는 것을 부끄럽게 생각하거나 반성하려고도 않고 '전통예절이란 덧없는 허례허식(虛禮虛飾)에 불과하다.'라는 주장을 펴면서 '전통예절은 노년 세대나 지키는 생활방식이다.'라는 생각은 바뀌어야 합니다. 세대 간에 생각의 차이는 있을 수 있지만 나와 생각이 다른 상대방의 생각이나 가치를 거부하거나 비난하는 것은 자신의 허물은 보지 못하고 상대방의 허물만 탓하는 경우와 다를 바가 없기에 우리는 세대 간에 서로가 상대방을 이해해야 할 것입니다.

저자는 장손으로서 일상생활을 하면서 전통예절에 대하여 자세히 알지 못하여 어려움이 있을 때마다 주변에서 참고할만한 서적을 찾아보아도 쉽게 접할 수가 없었고, 그렇다고 누가 소상히 설명하거나 가르쳐주지도 않아서 불편한 점이 매우 많았습니다. 그래서 이러한 불편을 조금이나마 해소하는 데 도움을 드리고자 저자의 경험을 바탕으로 여러 유학자의 조언을 참고하여 2018년에 『제사와 축문』이라는 책을 출간하였는데 독자들이 오늘날에 맞게 지방 쓰는 법, 개업식 고사, 풍어제, 성황제(당산제)에 대한 내용도 첨가해줬으면 좋겠다는 요청이 쇄도하여 이러한 내용을 보충해서 한 권의 책으로 다시 발간하게 되었습니다.

끝으로 이 책의 출간을 위하여 바쁜 중에도 기꺼이 삽화(揷畫)를 담당해 준 '스튜디오 그리기' 작가분들에게 감사와 존경의 뜻을 표하며, 출판에 도움을 주신 북랩 관계자 여러분께도 깊이 감사를 드립니다.

2021년 10월
저자 심천 하태완

차례

일러두기

이 책에서는 독자의 이해를 돕기 위해서,
한자의 해설은 최대한 '한자의 뜻풀이'에 맞추어 풀어쓰려고 노력했음을 밝힙니다.

우리 집 제사일

	구분	양력	음력	비고
1	고조부(고조할아버지)			
2	고조모(고조할머니)			
3	증조부(증조할아버지)			
4	증조모(증조할머니)			
5	조부(할아버지)			
6	조모(할머니)			
7	부(아버지)			
8	모(어머니)			

우리 가족 생일

	구분	양력	음력	비고
1				
2				
3				
4				
5				
6				
7				
8				

우리 가족 기념일

	구분	양력	음력	비고
1				
2				
3				
4				
5				
6				
7				
8				

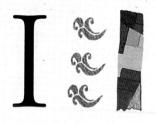

제사상 진설도

I. 설 차례상 진설도

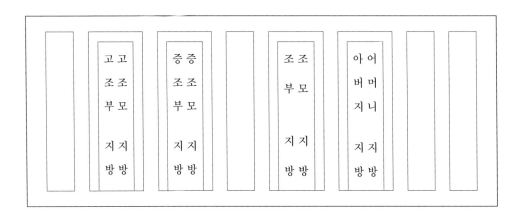

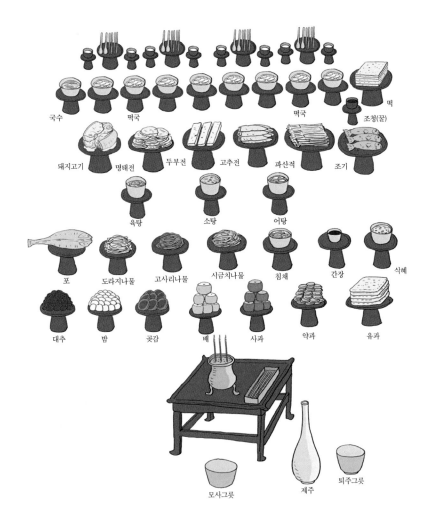

2. 추석 차례상 진설도

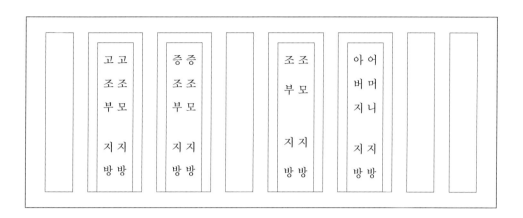

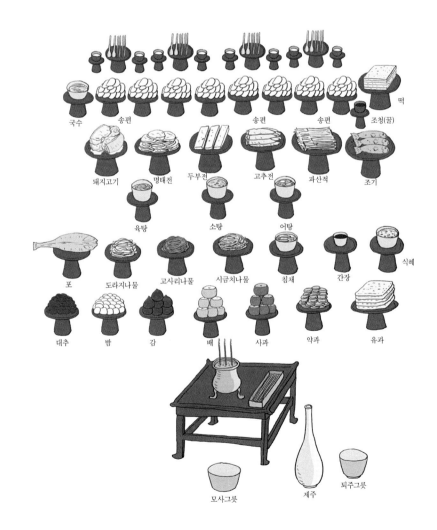

국수　송편　　　송편　송편　떡　조청(꿀)

돼지고기　명태전　두부전　고추전　파산적　조기

육탕　소탕　어탕

포　도라지나물　고사리나물　시금치나물　침채　간장　식혜

대추　밤　감　배　사과　약과　유과

모사그릇　제주　퇴주그릇

3. 단위제 제사상 진설도

단위제는 한 분만 돌아가셔서 한 분만 모신 경우를 말합니다.

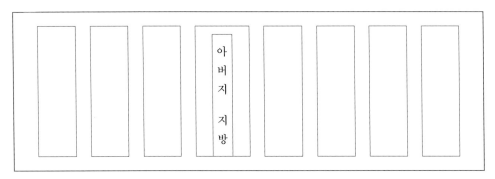

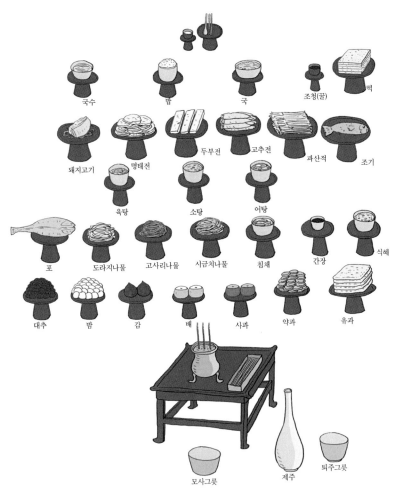

4. 양위합제 제사상 진설도

양위합제는 두 분이 돌아가셔서 두 분을 함께 모신 경우를 말합니다.

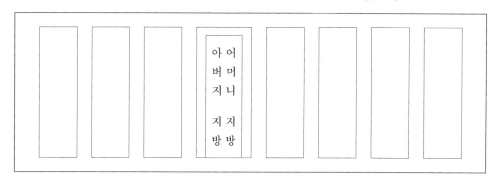

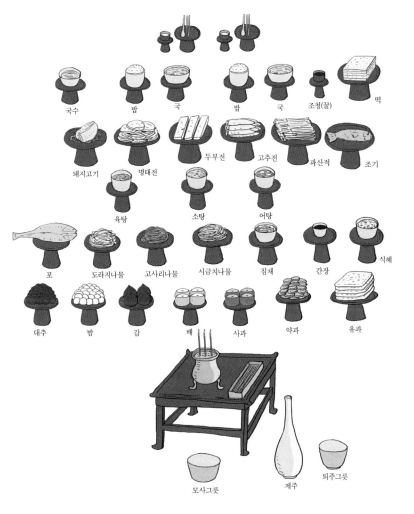

제사상 차리는 법

제사를 지내는 예절을 제례(祭禮)라고 합니다.

명절의 차례상에는 햇과일로 만든 음식을 준비합니다. 또한 메(밥)를 내신하여 설에는 떡국을 쓰고, 추석에는 송편을 씁니다.

1. 제사상 제물 놓는 방법

1) 과일류: 조율시이(棗栗柿梨) 진설

진설자의 왼편으로부터 조(대추), 율(밤), 시(곶감, 감), 이(배), 사과의 순서로 놓고 다음에 호두 혹은 망과류(넝쿨과일)를 쓰며 끝으로 조과류(다식, 산자, 약과)를 놓습니다.

2) 반찬류: 좌포우혜(左佈右醢) 진설

포(문어, 명태, 오징어 등)는 좌측(서쪽)에 놓고, 침채(김치, 동치미)와 숙채(불에 삶거나 쪄서 익힌 나물), 청장(간장)은 가운데에 놓으며, 식혜를 우측(동쪽)에 놓습니다.

3) 탕류: 어동육서(魚東肉西) 진설

물고기탕은 동쪽(우측)에, 소탕(채소, 두부 등으로 만든 것)은 가운데에, 육류탕은 서쪽(좌측)에 놓습니다.

탕은 단탕, 삼탕, 오탕 등 홀수(양수)로 씁니다.

4) 전과 적의 진설

전은 기름에 튀긴 것이고, 적은 불에 굽거나 찐 것입니다. 전은 가운데에, 적은 양쪽 가에 놓습니다.

서쪽(좌측)부터 육적, 동태전, 두부전, 고추전, 파산적, 어적의 순서로 놓습니다.

5) 어류: 두동미서(頭東尾西) 진설

머리는 동쪽(우측)으로, 꼬리는 서쪽(좌측)으로 향하게 놓습니다.

6) 과일: 홍동백서(紅東白西) 진설

붉은색 과일은 동쪽(우측)에, 흰색 과일은 서쪽(좌측)에 놓습니다.

7) 밥·국: 반좌갱우(飯左羹右) 진설

반(밥)은 좌측(왼쪽)에, 갱(국)은 우측(오른쪽)에, 그리고 편(떡)도 우측(오른쪽)에 놓습니다.

2. 제사상 차릴 때 유의점

① 고춧가루와 마늘 양념을 하지 않습니다.

② 식혜, 탕, 면(국수)은 건더기를 사용합니다.

③ 남좌여우로 남자는 좌측(왼쪽)에, 여자는 우측(오른쪽)에 모십니다.

④ 떡을 만들 때에 붉은 팥은 안 쓰고 흰 고물을 씁니다.

⑤ 설날과 추석날에는 촛대만 놓고, 촛불은 켜지 않습니다.

⑥ 복숭아와 꽁치, 삼치, 갈치 등 끝 자가 '치' 자로 된 생선은 사용하지 않습니다.

⑦ 진설할 때는 시저(숟가락, 젓가락)와 술잔을 먼저 올린 뒤에 5열부터 차례대로 놓습니다.

⑧ 보통 5열로 상을 차리는데 신위가 있는 쪽이 1열이며, 과일, 과자 등이 있는 쪽이 5열입니다.

⑨ 제사 지내는 방법은 가문이나 지역에 따라서 약간의 차이가 있을 수 있음을 인정하고 존중하는 자세가 필요합니다.

1) 제삿날(기일)과 제사 지내는 시간

① 제삿날은 돌아가시기 전날이 아니라 돌아가신 날이며, 제사는 돌아가신 날 0시 30분부터 1시 30분 사이에 지내야 합니다. 그 이유는 우리나라의 표준시 때문입니다. 우리나라는 동경 135도를 기준으로 표준시를 정했기 때문에 실제 시간보다 약 30분이 빠릅니다. 우리나라를 지나는 경선은 동경 127도 30분입니다.

그래서 0시 0분이 아닌 0시 30분부터 돌아가신 날이 됩니다. 제삿날 '가장 빠른 시간'에 조상께 제사를 지내고 하루 일과를 시작한다는 의미에서 돌아가신 날 '가장 빠른 시간'인 0시 30분부터 1시 30분 사이에 제사를 지내는 것입니다.

② 돌아가신 날 0시 30분부터 1시 30분 사이에 제사를 지내기 위해서는 돌아가시기 전날에 가족과 친척들이 모여서 제사 음식을 준비하는데 이를 두고 제삿날이 돌아가시기 전날이라고 착각하는 사람들도 많습니다.

③ 부득이 제시간에 제사를 지내지 못하게 되면 돌아가신 날 초저녁인 오후 8시부터 오후 10시 사이에 지내는 것이 좋습니다.

2) 대추, 밤, 감, 배 순서로 제사상에 놓는 이유

① 대추(후손번창): 대추의 특징은 한 나무에 열매가 수없이 열리며 꽃 하나가 피면 반드시 열매 하나가 열리고 나서 꽃이 떨어지는 점입니다. 즉, 대추나무는 자손의 번창을 소망하는 의미가 있고, 대추씨는 통씨이기 때문에 절개와 순수한 혈통을 의미합니다. 그래서 첫 번째로 올립니다.

② 밤(조상숭배): 대개 식물의 경우 씨앗을 심으면 땅속에서 썩어 없어져 버리지만, 밤은 땅속의 씨밤이 생밤인 채로 뿌리에 달려 있다가 나무가 자라서 씨앗을 맺어야만 씨앗의 밤이 썩습니다. 그래서 밤은 자손과 조상의 연결을 상징합니다. 자손이 수십 대를 내려가도 조상은 언제나 자손과 연결되어 함께 이어간다는 뜻입니다. 이런 의미가 있기 때문에 밤을 제사상에서 두 번째로 올립니다(밤나무는 자신의 근본을 잊지 않는다는 의미가 있어서 신주를 만들 때도 밤나무로 만듭니다).

③ 감(학교교육): 다른 나무는 씨앗을 심으면 대개 어미 나무의 열매가 그대로 이어지는데 감나무만은 그렇지 않습니다. 감 씨앗은 심으면 어미 감나무와 같은 열매가 열리지 않고 고욤나무의 열매와 같이 작은 열매가 열립니다. 그래서 3~4년쯤 지났을 때 기존의 감나무가지를 잘라서 새로 자란 나무에 접을 붙여야 감이 제대

로 크게 열립니다. 그러한 맥락에서 감나무는 사람으로 태어났다고 사람이 되는 것이 아니라 가르치고 배워야 비로소 사람이 된다는 의미를 지닙니다. 가르침을 받고 배우는 데는 생가지를 칼로 째서 접을 붙일 때처럼 아픔이 따릅니다. 그 아픔을 겪으며 조상들의 예지를 이어 받을 때 비로소 하나의 사람으로서 인격체가 될 수 있다고 봅니다.

또한 아무리 큰 감나무라도 열매가 한 번도 열리지 않은 감나무가지는 꺾어 보면 속에 검은 심이 없습니다. 반면 감이 열렸던 가지를 꺾어 보면 검은 심이 있습니다. 이걸 두고 부모가 자식을 낳고 키우는 데 그만큼 속이 상할 정도로 수고를 하였다 합니다. 그래서 감을 놓을 때는 부모를 생각하며 놓습니다.

④ 배(한민족 상징): 배는 껍질이 누렇기 때문에 황인종을 뜻합니다. 오행에서 황색은 우주의 중심을 나타내고 이것은 바로 민족의 긍지를 나타냅니다. 그리고 배의 속살이 하얀 것은 우리 백의민족에 빗대어 순수함과 밝음을 나타냅니다. 이런 상징성 때문에 배가 제물로 쓰입니다.

대추, 밤, 감, 배 순서로 제사상에 올리는 이유를 다음과 같이 말하는 사람들도 있습니다.

- 대추(棗, 조)는 씨가 하나이므로 임금을 뜻함
- 밤(栗, 율)은 밤송이 하나에 세 톨로 이루어져서 삼정승을 나타냄
- 감이나 곶감(枾, 시)는 씨앗이 여섯 개로 육방관속을 의미함
- 배나 사과(梨, 이)는 씨앗이 여덟 개로 팔도 관찰사를 뜻함

『주자가례(朱子家禮)』, 『상례비요(喪禮備要)』, 『사례편람(四禮便覽)』 등 옛 예서에는 조율시이, 홍동백서 등의 과일 놓는 순서가 나와 있지 않다고 합니다. 『사례편람(四禮便覽)』(도암 이재)에 과일은 목실(木實, 나무열매) 중에 먹을 수 있으면 되고 여섯 가지, 네 가지,

혹은 서너 가지 등 가정형편 되는대로 올리라고 쓰어 있으며, 그 계절의 과일을 사용하라고 적혀 있다고 합니다. 이와 같이 문헌으로 고증해 볼 때 과일의 진설 순서나 필수 과일로 굳어진 조율시이, 홍동백서 등은 나중에 우리나라 실정에 알맞게 생긴 것으로 보입니다.

3) 삼색나물을 제사상에 놓는 이유

삼색(백색, 흑색, 녹색)나물에 대한 언급은 옛 서적이나 문헌에는 없습니다. 다만, 삼색나물이 우리 생활 주변에서 쉽게 구할 수 있는 나물이기 때문에 준비하는 데 대한 부담 없이 조상에 대한 정성을 표현하기 쉽기 때문이라고 생각됩니다.

① 흰색의 도라지(道羅地) 혹은 무
땅속에 뿌리를 내리고 자라는 도라지는 시작하는 의미가 있다고 하여 조상을 상징한다고 합니다. 도라지나물은 제사상의 서쪽에 진설합니다. 일부 지역에서는 도라지나물 대신에 무나물을 올리기도 합니다.

② 검은색(자주색)의 고사리(高沙里)
고사리는 높을 고(高)에 땅 사(沙)자와 터 리(里)를 표현한 것이 이름 속에 들어 있습니다.
고사리는 땅속에서 땅 위로 올라오면서 자줏빛을 띠며 줄기가 튼튼하게 자라는데 끝부분이 둥글게 오므라드는 모습이 부모가 자녀를 품에 안으며 정성껏 보살피는 모습과 닮았다고 합니다. 그래서 고사리는 부모를 의미한다고 하며, 고사리나물은 제사상의 중앙에 진설합니다.

③ 녹색의 시금치 혹은 미나리

성장의 뜻을 가시고 있는 시금치는 비교적 빨리 성장하기 때문에 시금치처럼 자신이 빨리 성장하여 가문을 빛내게 해 달라는 의미에서 제사상에 올립니다. 즉, 시금치는 자신을 나타냅니다. 그리고 시금치나물은 제사상의 동쪽에 진설합니다. 일부 지역에서는 시금치나물 대신에 미나리나물을 올리기도 합니다.

종합해 보면 자손들이 조상의 제사상에 삼색 나물을 올리는 것은 자손(녹색: 잎)이 조상(흰색: 뿌리)의 음덕과 부모(검은색: 줄기)의 은혜를 입어서 집안이 크게 번창하기를 바라는 소망에서 비롯된 것으로 볼 수 있습니다.

4) 천산물과 지산물의 구분

음양(陰陽)의 이치에 따라서 천산양수(天産陽數)라 하여 천산물(天産物)은 양(陽)이므로 제상에 홀수로 놓고, 지산음수(地産陰數)라 하여 지산물(地産物)은 음(陰)이므로 짝수로 놓습니다.

① 탕은 단탕, 삼탕, 오탕 등 홀수로 놓습니다.

② 돼지고기나 쇠고기는 한 덩어리, 세 덩어리 등 홀수로 놓습니다.

③ 조기는 한 마리, 세 마리 등 홀수로 놓습니다.

④ 큰 과일인 감·배·사과는 2개, 4개, 6개, 8개 등 짝수로 놓고, 작은 과일인 대추·밤은 그릇(제기)에 가득 채워서 보기 좋게 놓습니다.

⑤ 전은 두 종류, 네 종류 등 짝수로 놓습니다.

⑥ 반찬은 네 종류(삼색 나물+침채), 여섯 종류 등 짝수로 놓습니다.

음양의 이치	음식의 종류	비고
천산물 (어류, 동물류)	탕(어탕, 소탕, 육탕 등)	홀수
	적(조기, 닭고기, 돼지고기, 쇠고기 등)	〃
지산물 (과일, 채소류)	과일(감, 배, 사과 등)	짝수
	전(파산적, 고추전, 두부전, 동태전 등)	〃
	반찬(삼색 나물, 침채, 숙주나물, 콩나물 등)	〃

※ 단위제(한분 모심)보다 양위합제(두분 함께 모심)를 모실 때에 제상에 과일 등을 더 올리고 차례(명절) 시는 여러 조상을 모시므로 양위합제보다 과일 등을 더 올립니다.

Ⅲ

지방 쓰는 법

1. 지방 쓸 때 참고 사항

① 몸을 청결하게 하고 가로 6㎝, 세로 22㎝ 정도의 깨끗한 한지에 먹물로 씁니다.

② 남자의 경우 벼슬이 있으면 관직명을 쓰고, 없으면 '學生(학생)'이라고 씁니다.

③ 제사는 보통 4대 고조부모까지 지내고 그 윗대는 묘제(墓祭)로 모십니다.

④ 여자는 남자의 관직에 맞춰서 외명부에 따릅니다.

남편 관직	1품	2품	정3품 상계	정3품 하계 ~ 종3품	4품	5품	6품	7품	8품	9품	관직 없음
부인	貞敬夫人 정경부인	貞夫人 정부인	淑夫人 숙부인	淑人 숙인	令人 영인	恭人 공인	宜人 의인	安人 안인	端人 단인	孺人 유인	孺人 유인

⑤ 부(父)는 사후에는 考(고)로, 모(母)는 사후에는 妣(비)로 쓰며, 여자의 경우 본관성 씨를 씁니다.

⑥ 재취로 인하여 삼위지방일 경우는 남자는 왼쪽, 본비는 가운데, 재취는 오른쪽에 지방을 씁니다.

⑦ 자식이 있어도 남편이 생존해 있으면 남편이 제주가 되고, 자식이 있거나 손자가 있어도 아버지가 생존해 계시면 아버지가 제주가 됩니다.

⑧ 제사나 차례를 지낼 때에 지방을 써서 붙이면 반드시 축문을 읽어야 합니다.

⑨ 한지를 쓰는 이유는 제사를 지낸 후 지방을 불살라 하늘로 날려 보낼 때에 편리하기 때문입니다.

2. 대(代)와 세(世)의 기준

1) 조상대칭법(祖上對稱法)

① 대는 나를 기준으로 웃조상을 말할 때 주로 사용합니다.
② 대조(代祖)는 나의 선조란 뜻이어서 나를 제외합니다.

관계	本人 나	父 부	祖父 조부	曾祖父 증조부	高祖父 고조부	玄祖父 현조부	六代 祖父 육대 조부	七代 祖父 칠대 조부	... ...
대	기준 나 1대	나로 부터 2대	나로 부터 3대	나로 부터 4대	나로 부터 5대	나로 부터 6대	나로 부터 7대	나로 부터 8대	...
대조		나로 부터 1대조	나로 부터 2대조	나로 부터 3대조	나로 부터 4대조	나로 부터 5대조	나로 부터 6대조	나로 부터 7대조	...

2) 자손대칭법(子孫對稱法)

① 세는 시조를 기준으로 자손을 말할 때 주로 사용하는데 아래로 내려오면서 셉니다.
② 세손(世孫)은 시조의 후손이란 뜻이어서 시조를 제외합니다.

관계	始祖 시조	始祖子 시조아들	始祖孫子 시조손자	始祖曾孫子 시조증손자	始祖玄孫子 시조현손자	始祖來孫子 시조내손자	始祖昆孫子 시조곤손자	始祖仍孫 시조잉손자	... ...
세	1세	2세	3세	4세	5세	6세	7세	8세	...
세손		1세손	2세손	3세손	4세손	5세손	6세손	7세손	...

③ 세는 나를 기준으로도 말할 수가 있는데 이때는 다음과 같이 말합니다.

④ 세손(世孫)은 나의 후손이란 뜻이어서 나를 제외합니다.

관계	本人 본인	子 아들	孫子 손자	曾孫子 증손자	玄孫子 현손자	來孫子 내손자	昆孫子 곤손자	仍孫子 잉손자	雲孫子 운손자	九世孫子 9세손자	··· ···
세	기준 나 1세	나로 부터 2세	나로 부터 3세	나로 부터 4세	나로 부터 5세	나로 부터 6세	나로 부터 7세	나로 부터 8세	나로 부터 9세	나로 부터 10세	···
세손		나로 부터 1세손	나로 부터 2세손	나로 부터 3세손	나로 부터 4세손	나로 부터 5세손	나로 부터 6세손	나로 부터 7세손	나로 부터 8세손	나로 부터 9세손	···

⑤ 우리는 흔히 세수(世數)와 대수(代數)를 다른 뜻으로 생각하기 쉬운데 같은 뜻(동의어 同義語)입니다. 그냥 세(世)나 대(代)만 사용할 때는 30년의 시간 간격을 나타내는 의미(1대는 30년)여서 나까지 포함하여 계산합니다. 그러나 세(世)나 대(代) 다음에 조(祖)나 손(孫)을 붙이면 조(祖)는 나의 선조란 뜻이어서 나를 제외하고, 손(孫)은 시조의 후손이란 뜻이어서 시조를 제외하고 계산합니다.

예로 「고조는 나의 4대조」이며, 「나는 고조의 4대손」입니다. 이 경우 세(世)를 사용해도 「고조는 나의 4세조」이며, 「나는 고조의 4세손」입니다.

⑥ 일상생활에서 나를 기준으로 고조까지 존속을 말할 때
   대조(代祖)는 나의 선조란 뜻이어서 나를 제외합니다.

일상생활에서 말할 때	나	아버지	할아버지	증조할아버지	고조할아버지
대(代)를 말할 때	기준 나 1대	나로부터 2대	나로부터 3대	나로부터 4대	나로부터 5대
대조(代祖)를 말할 때		나로부터 1대조	나로부터 2대조	나로부터 3대조	나로부터 4대조

⑦ 일상생활에서 나를 기준으로 현손자까지 비속을 말할 때
   세손(世孫)은 나의 후손이란 뜻이어서 나를 제외합니다.

일상생활에서 말할 때	나	아들	손자	증손자	현손자
세(世)를 말할 때	기준 나 1세	나로부터 2세	나로부터 3세	나로부터 4세	나로부터 5세
세손(世孫)을 말할 때		나로부터 1세손	나로부터 2세손	나로부터 3세손	나로부터 4세손

※ 참고

① 1대(1세)는 30년을 기준으로 한다. 1대(1세)라 함은 사람의 대수(세수)가 아니고 30년의 시간 간격을 말하고, 1촌(寸)의 혈연의 거리를 말합니다.

② 曾(증)은 '거듭'이란 뜻으로 증조와 증손에 모두 쓰입니다. 그런데 玄(현)은 까마득히 멀다는 뜻에서 玄孫(현손)에 쓰고, 高(고)는 「높다」「받들다」라는 뜻에서 高祖(고조)에 쓰입니다. 그런데 사람들이 증조 다음이 고조이므로, 이에 유추하여 증손 아래를 高孫(고손)이라고 쓰는데, 高는 「높다」「받들다」라는 뜻이 있어서 아랫대 손에게 高를 쓰는 것은 이치에 맞지 않는다고 하여 高孫(고손)이라고 쓰지 않고 玄孫(현손)이라고 씁니다. 그러나 국어사전에는 高孫(고손)과 玄孫(현손)이 모두 맞는 낱말로 표기되어 있습니다.

③ 5대 조부모를 玄祖父母(현조부모)라고 하는데 이때 玄(현)은 까마득히 먼 조상의 의미로 사용합니다. 그래서 高祖父母(4대 조부모)까지는 나와 가까운 조상이기 때문에 집안에서 방제사로 모시고, 玄祖父母(5대 조부모) 이상은 나와 먼 조상이므로 묘제(墓祭)로 모신다는 의미입니다.

④ 가까운 고조(高祖)까지와 현손자(玄孫子)까지는 대나 세를 쓰지 않습니다.

3. 지방

1) 고조부모 지방(관직 있는 경우/관직 없는 경우)

고조부 (관직 있는 경우)
顯高祖考正憲大夫吏曹判書府君神位
현고조고정헌대부이조판서부군신위

고조모 (남편이 관직 있는 경우)
顯高祖妣貞夫人○○○氏神位
현고조비정부인○○○씨신위

고조부 (관직 없는 경우)
顯高祖考學生府君神位
현고조고학생부군신위

고조모 (남편이 관직 없는 경우)
顯高祖妣孺人○○○氏神位
현고조비유인○○○씨신위

※ 제사는 4대조고비(四代祖考妣, 고조할아버지와 고조할머니)까지 모시고 그 윗대는 묘
　제나 시제로 모십니다.

※ 신위는 지방을 써서 붙이기도 하고 지방 대신 고인의 사진을 사용하기도 합니다.

※ 남자의 경우 관직이 있으면 관직명을 쓰고, 없으면 '學生(학생)'이라고 씁니다.

※ 여자의 경우 남자의 관직에 맞춰서 외명부에 따릅니다(같은 장 '1. 지방 쓸 때 참고사
　항' 참조).

※ 우리나라는 세로글은 우에서 좌로 쓰고, 가로글은 좌에서 우로 씁니다.

2) 증조부모 지방과 조부모 지방

조모	조부	증조모	증조부
顯^현祖^조妣^비孺^유人^인○○○氏^씨神^신位^위	顯^현祖^조考^고學^학生^생府^부君^군神^신位^위	顯^현曾^증祖^조妣^비孺^유人^인○○○氏^씨神^신位^위	顯^현曾^증祖^조考^고學^학生^생府^부君^군神^신位^위

※ 남자의 경우는 관직이 있으면 관직명을 쓰고, 없으면 '學生(학생)'이라고 씁니다.

※ 여자의 경우는 남편이 관직이 없으면 '孺人(유인)'이라고 씁니다.

※ 두 분이 돌아가시고 안 계실 경우에는 두 분을 함께 제사를 지내게 되므로 지방을 쓸 때도 함께 명기합니다. 이때는 왼쪽에 남자의 신위를 적고, 오른쪽에 여자의 신위를 적습니다.

※ 부군(府君)이란 돌아간 남자 조상이나 아버지에 대한 높임말입니다.

3) 부모/남편/처/아들 지방

<table>
<tr>
<td>아들</td>
<td>처</td>
<td>남편</td>
<td>모</td>
<td>부</td>
</tr>
<tr>
<td>亡^망子^자學^학生^생
（이름）
之^지
靈^령</td>
<td>亡^망室^실孺^유人^인
○
○
○
氏^씨神^신位^위</td>
<td>顯^현辟^벽學^학生^생府^부君^군神^신位^위</td>
<td>顯^현妣^비孺^유人^인
○
○
○
氏^씨神^신位^위</td>
<td>顯^현考^고學^학生^생府^부君^군神^신位^위</td>
</tr>
</table>

※ 남편은 '顯辟(현벽)'이라고 씁니다.

※ 처는 '顯(현)' 자 자리에 '亡室(망실)' 또는 '故室(고실)'이라고 씁니다.

※ 아들은 '亡子(망자)' 또는 '故子(고자)'라고 씁니다.

※ 아들이 기혼이면 '學生(학생)'이라고 쓰고, 관직이 있으면 관직명을 씁니다.

※ 아들이 미혼이면 '學生(학생)' 대신에 '秀才(수재)'라고 씁니다.

4) 오늘날에 맞게 지방 쓰는 법

① 조부모 지방

조부 교장 조모 소령

顯祖考(현조고) ○ ○ 初等學校校長(초등학교교장) 府君(부군) 神位(신위)
顯祖妣(현조비) 陸軍少領(육군소령) ○(본) ○(관) ○(성) 氏(씨) 神位(신위)

조부 경정 조모 사무관

顯祖考(현조고) ○ ○ 警察署課長(경찰서과장) 府君(부군) 神位(신위)
顯祖妣(현조비) ○ ○ 區廳課長(구청과장) ○(본) ○(관) ○(성) 氏神位(신위)

조부 시장 조모 관직없음

顯祖考(현조고) 서울市長(시장) 府君(부군) 神位(신위)
顯祖妣(현조비) 夫人(부인) ○(본) ○(관) ○(성) 氏(씨) 神位(신위)

※ 오늘날 지방이나 족보에 등재할 때 교원 교감 이상, 공직자 5급 이상, 검찰 사무관
 (사법연수원생) 이상, 경찰 경정 이상, 군인 소령(군법무관) 이상, 회사는 부장(대기
 업 중간관리직) 이상일 때 등재하는 것이 일반적인 관례입니다.

※ 조부와 조모는 관직이 있으면 각각 관직명을 씁니다.

※ 조모는 관직이 없으나 조부가 관직이 있으면 夫人(부인)이라고 써서 예우합니다.

※ 조부가 부산시장을 지냈다면 顯祖考釜山市長府君 神位라고 씁니다.

※ 조부가 LG전자주식회사부장이었다면 顯祖考LG電子株式會社部長府君 神位라 씁니다.

② 부모 지방

부 교수
모 교수

顯考(현고)○○大學校敎授(대학교교수)府授神君(부군신위)

顯妣(현비)○○大學校敎授(대학교교수)○○○氏(본관성씨)神位(신위)

부 관직없음
모 서기관

顯考(현고)○○學生(학생)府君神位(부군신위)

顯妣(현비)○○市廳局長(시청국장)○○○氏(본관성씨)神位(신위)

부 사무관
모 교감

顯考(현고)○○面長(면장)府君神位(부군신위)

顯妣(현비)○○中學校校監(중학교교감)○○○氏(본관성씨)神位(신위)

※ 오늘날 비문이나 지방 및 족보에 등재할 때 교원 교감 이상, 공직자 5급 이상, 경찰 경정 이상, 회사는 부장(대기업 중간관리직) 이상일 때 등재합니다.

※ 부와 모는 관직이 있으면 각각 관직명을 씁니다.

※ 부는 관직이 없으면 學生(학생)이라고 씁니다.

※ 부가 삼성전자주식회사부장이었다면 顯考三星電子株式會社部長府君 神位라 씁니다.

※ 모가 현대자동차주식회사부장이었다면 顯妣現代自動車株式會社部長○○○氏 神位라고 씁니다.

顯考空軍少領府君神位 顯妣○○消防署課長○○○氏神位
(부 소령 / 모 소방령)

顯考○○矯導所課長府君神位 顯妣夫人○○○氏神位
(부 교정관 / 모 관직없음)

顯考學生府君神位 顯妣孺人○○○氏神位
(부 관직없음 / 모 관직없음)

※ 오늘날 지방이나 족보에 등재할 때 검찰 사무관(사법연수원생) 이상, 군인 소령(군법무관) 이상, 소방공무원 소방령 이상, 교정공무원 교정관 이상일 때 등재합니다.

※ 부와 모는 관직이 있으면 각각 관직명을 씁니다.

※ 모는 관직이 없으나, 부가 관직이 있으면 夫人(부인)이라고 써서 예우합니다.

※ 부는 관직이 없으면 學生(학생)이라고 씁니다.

※ 부도 관직이 없고, 모도 관직이 없으면 孺人(유인)이라고 씁니다.

③ 남편·아내 지방

남편 관직 있음	남편 관직 없음	아내 관직 있음	아내 관직 없음
顯현 壁벽 ○ 관 ○ 직 ○ 명 府부 君군 神신 位위	顯현 壁벽 學학 生생 府부 君군 神신 位위	亡망 室실 ○ 관 ○ 직 ○ 명 ○ 본 ○ 관 ○ 성 氏씨 神신 位위	亡망 室실 孺유 人인 ○ 본 ○ 관 ○ 성 氏씨 神신 位위

※ 남편이나 아내가 관직이 있으면 각각 관직명을 씁니다.

※ 아내는 亡室(망실) 또는 故室(고실)이라고 씁니다.

※ 남편은 관직이 있으면 관직명을 쓰고, 없으면 學生(학생)이라고 씁니다.

※ 아내는 관직이 없으나 남편이 관직이 있으면, 夫人(부인)이라고 써서 예우합니다.

※ 아내도 관직이 없고, 남편도 관직이 없으면 孺人(유인)이라고 씁니다.

④ 아들 지방

亡子秀才○○之靈 (망자 수재 이름 지령) — 미혼 관직 없음

亡子○○○○之靈 (망자 관직명 이름 지령) — 미혼 관직 있음

亡子學生○○之靈 (망자 학생 이름 지령) — 기혼 관직 없음

亡子○○○○之靈 (망자 관직명 이름 지령) — 기혼 관직 있음

※ 아들은 亡子(망자) 또는 故子(고자)라고 씁니다.

※ 아들이 결혼했거나, 성년인 경우에 제사를 지냅니다.

※ 아들이 기혼이고 관직이 있으면 관직명을 쓰고, 없으면 學生(학생)이라고 씁니다.

※ 아들이 미혼이지만 관직이 있으면 관직명을 쓰고, 없으면 秀才(수재)라고 쓰는데 秀才(수재)의 의미는 '아직 결혼하지 아니한 남자를 높이어 이르는 말'입니다.

IV

제사 축문 쓰는 법

- 축문은 신위께 고하는 글이며, '정성껏 마련한 제수이오니 흠향하시옵소서'라는 뜻을 고하는 글입니다.
- 축문은 깨끗한 한지에 24㎝×36㎝ 정도의 크기로 작성합니다.
- 축문은 세로(우에서 좌)로 쓰며, 가문(家門)에 따라 '維(유)' 자와 '饗(향)' 자 혹은 '顯(현)' 자와 '饗(향)' 자, 또는 '維(유)', '顯(현)', '饗(향)' 자를 다른 글자(다른 줄)보다 한두 칸 올려 쓰기도 합니다.

1. 제사(祭祀) 축문 구절별 해석

① 維 歲次(유 세차): 매어두었던 해가 바뀌어, 즉 어느덧 해가 바뀌어.

② 朔(삭): 그 달의 1일, 즉 초하루.

③ 孝子(효자): 맏아들. 차자(次子)가 모실 경우는 '孝子○○'를 '次子○○'로 바꿔 쓴다.

④ 敢昭告于(감소고우): 삼가 밝게 아뢰다.

⑤ 歲序遷易(세서천역): 세월이 흘러 때가 바뀌다.

⑥ 氣序流易(기서유역): 공기의 차례가 바뀌어 지나, 즉 절기가 바뀌어.

⑦ 諱日復臨(휘일부림): 돌아가신 날이 다시 돌아오다.

⑧ 追遠感時(추원감시): 돌아가신 때를 맞아 진정한 마음으로 감동하다.

⑨ 霜露旣降(상로기강): 서리와 이슬이 벌써 내리다.

⑩ 瞻掃封塋(첨소봉영): 산소를 깨끗이 단장하고 우러러 묘소를 바라보다.

⑪ 不勝感慕(불승감모): 추모하는 마음을 이기지 못하다.

⑫ 昊天罔極(호천망극): '하늘이 넓고 끝이 없다'는 뜻, 즉 부모의 은혜가 크고 끝이 없다.

⑬ 淸酌庶羞(청작서수): 맑은 술과 여러 가지 음식을 차려서 바치다.

⑭ 祗薦歲事(지천세사): 공경하는 마음으로 세사(歲事)를 올리다.

⑮ 恭伸奠獻(공신전헌): 공손히 제물(祭物)을 올리다. 또는 제사를 지내다.

2. 제사(祭祀) 축문 작성 시 유의점

① 瞻掃封塋(첨소봉영)은 묘에서 제사를 모실 때, 追遠感時(추원감시)는 집에서 모실 때 씁니다.

② 不勝感慕(불승감모), 不勝永慕(불승영모)는 조부모 이상에, 昊天罔極(호천망극)은 부모에게 씁니다.

③ 謹以(근이)는 부모 이상 웃어른에게, 玆以(자이)는 아랫사람에게 씁니다.

④ 陳此奠儀(진차전의)는 아내에게, 伸此奠儀(신차전의)는 아랫사람에게 씁니다.

⑤ 간지(干支)는 그 해의 태세를 씁니다. 그 해가 무술년(戊戌年)이면 '戊戌'이라고 씁니다.

⑥ 모월(某月)은 제사달을 씁니다. 제사달이 사월(四月)이면 '四月'이라고 씁니다.

⑦ 모일(某日)은 제삿날을 씁니다. 제삿날이 십사일(十四日)이면 그대로 '十四日'이라고 씁니다.

⑧ 간지삭(干支朔)은 제사달의 초하루라는 의미로 제사달의 초하루 일진을 씁니다. 일진이 병인(丙寅)이면 '丙寅'이라고 씁니다.

⑨ 간지(干支)는 제삿날 일진을 씁니다. 제삿날 일진이 을묘(乙卯)이면 그대로 '乙卯'라고 씁니다.

⑩ 제삿날은 돌아가시기 전날이 아니라 돌아가신 날이며, 밤 0시 30분부터 1시 30분 사이에 제사를 지냅니다. 예수 탄생일이 12월 25일인데 12월 24일 밤 12시에 미사를 올리는 것과 같습니다.

3. 제사(祭祀) 축문

1) 고조부모 제사 축문(관직 있는 경우)

維유 歲次干支○月干支朔○日干支孝玄孫○○敢昭告于
세차간지모월간지삭모일간지효현손감소고우

顯高祖考通訓大夫軍資監正府君
현고조고통훈대부군자감정부군

顯高祖妣淑人○○○氏歲序遷易顯高祖考諱日復臨
현고조비숙인씨세서천역현고조고휘일부림

追遠感時不勝感慕謹以清酌庶羞恭伸奠獻 尚
추원감시불승감모근이청작서수공신전헌 상

饗향

※ 고조고(高祖考, 고조할아버지)께서 정3품 하계 통훈대부(通訓大夫)이면 외명부에 맞추어 부인은 淑人(숙인)이라고 씁니다.

※ 예시는 고조고(高祖考, 고조할아버지)의 제사일이므로 顯高祖考諱日(현고조고휘일)이라고 씁니다.

※ 고조비(高祖妣, 고조할머니) 제사일에는 顯高祖妣諱日(현고조비휘일)이라고 고쳐서 쓰면 됩니다.

※ 효현손(孝玄孫)과 효고손(孝高孫)은 같은 의미이나 孝玄孫이라고 씁니다.

※ 제사를 지낼 때에 제주가 맏아들이나 맏손자이므로 축문도 맏아들이나 맏손자 앞으로 씁니다.

어느덧 해가 바뀌어 ○○년 ○월 ○일에 맏현손자 ○○는(은) 삼가 밝혀 고합니다.

정3품 하계 통훈대부 군자감정을 지내신 고조할아버님과 숙인 ○○○씨 고조할머님 세월이 흘러 때가 바뀌어서 돌아가신 날이 다시 돌아오니 진정한 마음으로 감동합니다.

영원하신 고조할아버님과 고조할머님의 은혜가 커서 사모하는 마음을 이기지 못하여 삼가 정성을 다하여 맑은 술과 여러 가지 음식을 마련하여 공손히 제물을 올리오니 흠향하시옵기 바랍니다.

축문 용어 해설

① 維 歲次(유 세차): 매어두었던 해가 바뀌어, 즉 어느덧 해가 바뀌어.

② 敢昭告于(감소고우): 밝혀서 고하다.

③ ○○○氏: 본관성씨를 적는 곳이다. 본관이 남원이고 성씨가 윤씨이면 남원윤씨라고 쓴다.

④ 歲序遷易(세서천역): 세월이 흘러 때가 바뀌다.

⑤ 諱日復臨(휘일부림): 돌아가신 날이 다시 돌아오다.

⑥ 追遠感時(추원감시): 돌아가신 때를 맞이하여 진정한 마음으로 감동하다.

⑦ 不勝感慕(불승감모): 영원하신 조상님의 은혜가 커서 사모하는 마음을 이기지 못하다. [조부모 이상의 축문에 사용함]

⑧ 謹以(근이): 삼가 정성을 다하다.

⑨ 淸酌庶羞(청작서수): 맑은 술과 여러 가지 음식을 바치다.

⑩ 恭伸奠獻(공신전헌): 공손히 제물(祭物)을 올리다. 또는 제사를 지내다.

⑪ 尙饗(상향): 흠향하시옵소서.

장례날은 헤어지는 날이므로 슬픈 날이지만, 제삿날은 조상과 만나는 날이므로 기쁜 날로 본다.

3) 고조부모 제사 축문(관직 없는 경우)

維유

歲세 次차 干간 支지 ○모 月월 干간 支지 朔삭 ○모 日일 干간 支지 孝효 玄현 孫손 ○ ○ 敢감 昭소 告고 于우

顯현 高고 祖조 考고 學학 生생 府부 君군

顯현 高고 祖조 妣비 孺유 人인 ○ ○ ○ 氏씨 歲세 序서 遷천 易역 顯현 高고 祖조 考고 諱휘 日일 復부 臨림

追추 遠원 感감 時시 不불 勝승 感감 慕모 謹근 以이 淸청 酌작 庶서 羞수 恭공 伸신 奠전 獻헌 尙상

饗향

※ 예시는 고조고(高祖考, 고조할아버지)의 제사일이므로 顯高祖考諱日(현고조고휘일)이
라고 씁니다.

※ 고조비(高祖妣, 고조할머니)의 제사일에는 顯高祖妣諱日(현고조비휘일)이라고 바꿔서
쓰면 됩니다.

※ 孝玄孫(효현손)과 孝高孫(효고손)은 같은의미로 孝玄孫(효현손)이라고 씁니다.

4) 고조부모 제사 축문 한자 해설(관직 없는 경우)

어느덧 해가 바뀌어 ○○년 ○월 ○일에 맏현손자 ○○는(은) 삼가 밝혀 고합니다.
고조할아버님과 ○○○씨 고조할머님 세월이 흘러 때가 바뀌어서 돌아가신 날이 다시 돌아오니 진정한 마음으로 감동합니다.
영원하신 고조할아버님과 고조할머님의 은혜가 커서 사모하는 마음을 이기지 못하여 삼가 정성을 다하여 맑은 술과 여러 가지 음식을 마련하여 공손히 제물을 올리오니 흠향하시옵기 바랍니다.

축문 용어 해설

① 維 歲次(유 세차): 매어두었던 해가 바뀌어, 즉 어느덧 해가 바뀌어.

② 敢昭告于(감소고우): 밝혀서 고하다.

③ ○○○氏: 본관성씨를 쓰는 곳이다. 본관이 나주이고 성씨가 임씨이면 나주임씨라고 쓴다.

④ 歲序遷易(세서천역): 세월이 흘러 때가 바뀌다.

⑤ 諱日復臨(휘일부림): 돌아가신 날이 다시 돌아오다.

⑥ 追遠感時(추원감시): 돌아가신 때를 맞이하여 진정한 마음으로 감동하다.

⑦ 不勝感慕(불승감모): 영원하신 조상님의 은혜가 커서 사모하는 마음을 이기지 못하다.

⑧ 謹以(근이): 삼가 정성을 다하다.

⑨ 淸酌庶羞(청작서수): 맑은 술과 여러 가지 음식을 바치다.

⑩ 恭伸奠獻(공신전헌): 공손히 제물(祭物)을 올리다. 또는 제사를 지내다.

⑪ 尙饗(상향): 흠향하시옵소서.

※ 우리 선조들은 "자기집 제사 자랑 말고 남의 집 제사 비판하지 말라"고 가르쳤습니다. 우리가 조상께 제사를 지내는 목적은 자손들이 있게 된 것이 조상의 은덕임을 알고, 감사하는 마음을 가지며, 자손들이 모여서 화목을 다지기 위해서입니다. 제삿날은 그런 날입니다.

5) 증조부모 제사 축문

維_유

歲_세次_차干_간支_지○月_{모월}干_간支_지朔_삭○日_{모일}干_간支_지孝_효曾_증孫_손○○敢_감昭_소告_고于_우

顯_현曾_증祖_조考_고學_학生_생府_부君_군

顯_현曾_증祖_조妣_비孺_유人_인○○○氏_씨歲_세序_서遷_천易_역顯_현曾_증祖_조考_고諱_휘日_일復_부臨_림

追_추遠_원感_감時_시不_불勝_승感_감慕_모謹_근以_이清_청酌_작庶_서羞_수恭_공伸_신奠_전獻_헌尚_상

饗_향

※ 예시는 증조고(曾祖考, 증조할아버지)의 제사일이므로 顯曾祖考諱日(현증조고휘일)이라고 씁니다.

※ 증조비(曾祖妣, 증조할머니)의 제사일에는 顯曾祖妣諱日(현증조비휘일)이라고 고쳐 쓰면 됩니다.

※ 孝曾孫(효증손)은 맏증손자라는 뜻입니다. 만약에 曾支孫(증지손)이 제사를 모시면 孝曾孫○○을 代行祀事曾支孫○○으로 고쳐 쓰면 됩니다.

어느덧 해가 바뀌어 ○○년 ○월 ○일에 맏증손자 ○○는(은) 삼가 밝혀 고합니다.

증조할아버님과 ○○○씨 증조할머님 세월이 흘러 때가 바뀌어서 돌아가신 날이 다시 돌아오니 진정한 마음으로 감동합니다.

영원하신 증조할아버님과 증조할머님의 은혜가 커서 사모하는 마음을 이기지 못하여 삼가 정성을 다하여 맑은 술과 여러 가지 음식을 마련하여 공손히 제물을 올리오니 흠향하시옵기 바랍니다.

축문 용어 해설

① 維 歲次(유 세차): 매어두었던 해가 바뀌어, 즉 어느덧 해가 바뀌어.

② 敢昭告于(감소고우): 밝혀서 고하다.

③ ○○○氏: 본관성씨를 적는 곳이다. 본관이 강릉이고 성씨가 최씨이면 강릉최씨라고 쓴다.

④ 歲序遷易(세서천역): 세월이 흘러 때가 바뀌다.

⑤ 諱日復臨(휘일부림): 돌아가신 날이 다시 돌아오다.

⑥ 追遠感時(추원감시): 돌아가신 때를 맞이하여 진정한 마음으로 감동하다.

⑦ 不勝感慕(불승감모): 영원하신 조상님의 은혜가 커서 사모하는 마음을 이기지 못하다. [조부모 이상의 축문에 사용함]

⑧ 謹以(근이): 삼가 정성을 다하다.

⑨ 淸酌庶羞(청작서수): 맑은 술과 여러 가지 음식을 바치다.

⑩ 恭伸奠獻(공신전헌): 공손히 제물(祭物)을 올리다. 또는 제사를 지내다.

⑪ 尙饗(상향): 흠향하시옵소서.

7) 조부모 제사 축문

維_유

歲_세次_차干_간支_지○_모月_월干_간支_지朔_삭○_모日_일干_간支_지孝_효孫_손○○敢_감昭_소告_고于_우

顯_현祖_조考_고學_학生_생府_부君_군

顯_현祖_조妣_비孺_유人_인○○○氏_씨歲_세序_서遷_천易_역顯_현祖_조考_고諱_휘日_일復_부臨_림

追_추遠_원感_감時_시不_불勝_승感_감慕_모謹_근以_이清_청酌_작庶_서羞_수恭_공伸_신奠_전獻_헌尚_상

饗_향

※ 예시는 조고(祖考, 할아버지)의 제사일이므로 顯祖考諱日(현조고휘일)이라고 씁니다.

※ 조비(祖妣, 할머니)의 제사일에는 顯祖妣諱日(현조비휘일)이라고 바꿔서 쓰면 됩니다.

※ 孝孫(효손)은 맏손자라는 뜻입니다.

※ 支孫(지손)이 제사를 모실 경우는 孝孫○○을 代行祀事支孫○○으로 고쳐 쓰면 됩니다.

어느덧 해가 바뀌어 ○○년 ○월 ○일에 맏손자 ○○는(은) 삼가 밝혀 고합니다. 할아버님과 ○○○씨 할머님 세월이 흘러 때가 바뀌어서 돌아가신 날이 다시 돌아오니 진정한 마음으로 감동합니다. 영원하신 할아버님과 할머님의 은혜가 커서 사모하는 마음을 이기지 못하여 삼가 정성을 다하여 맑은 술과 여러 가지 음식을 마련하여 공손히 제물을 올리오니 흠향하시옵기 바랍니다.

축문 용어 해설

① 維 歲次(유 세차): 매어두었던 해가 바뀌어, 즉 어느덧 해가 바뀌어.

② 孝孫(효손): 맏손자라는 의미이다.

③ 支孫(지손)이 제사를 지낼 경우는 孝孫○○을 代行祀事支孫○○으로 고쳐 쓰면 된다.

④ 敢昭告于(감소고우): 밝혀서 고하다.

⑤ ○○○氏: 본관성씨를 적는 곳이다. 본관이 문화이고 성씨가 류씨이면 문화류씨라고 쓴다.

⑥ 歲序遷易(세서천역): 세월이 흘러 때가 바뀌다.

⑦ 諱日復臨(휘일부림): 돌아가신 날이 다시 돌아오다.

⑧ 追遠感時(추원감시): 돌아가신 때를 맞이하여 진정한 마음으로 감동하다.

⑨ 不勝感慕(불승감모): 영원하신 조상님의 은혜가 커서 사모하는 마음을 이기지 못하다. [조부모 이상의 축문에 사용함]

⑩ 謹以(근이): 삼가 정성을 다하다.

⑪ 淸酌庶羞(청작서수): 맑은 술과 여러 가지 음식을 바치다.

⑫ 恭伸奠獻(공신전헌): 공손히 제물(祭物)을 올리다. 또는 제사를 지내다.

⑬ 尙饗(상향): 흠향하시옵소서.

9) 부모 제사 축문

維유

歲세 次차 干간 支지 ○月월 干간 支지 朔삭 ○日일 干간 支지 孝효 子자 ○ ○ 敢감 昭소 告고 于우

顯현 考고 學학 生생 府부 君군

顯현 妣비 孺유 人인 ○ ○ ○ 氏씨 歲세 序서 遷천 易역 顯현 考고 諱휘 日일 復부 臨림

追추 遠원 感감 時시 昊호 天천 罔망 極극 謹근 以이 清청 酌작 庶서 羞수 恭공 伸신 奠전 獻헌

尚상

饗향

※ 昊天罔極(호천망극)은 부모에게 씁니다.

※ 예시는 고(考, 아버지)의 제사일이므로 顯考諱日(현고휘일)이라고 씁니다.

※ 비(妣, 어머니)의 제사일에는 顯妣諱日(현비휘일)이라고 바꿔서 쓰면 됩니다.

※ 孝子(효자)는 맏아들이라는 뜻입니다.

※ 次子(차자)가 제사를 지낼 경우는 孝子○○를 代行祀事次子○○로 고쳐서 쓰면 됩
  니다.

어느덧 해가 바뀌어 ○○년 ○월 ○일에 맏아들 ○○는(은) 삼가 밝혀 아룁니다.

아버님과 ○○○씨 어머님 세월이 흘러 때가 바뀌어서 돌아가신 날이 다시 돌아오니 진정한 마음으로 감동합니다.

부모님의 은혜가 크고 끝이 없어 사모하는 마음을 이기지 못하여 삼가 정성을 다하여 맑은 술과 여러 가지 음식을 마련하여 공손히 제물을 올리오니 흠향하시옵기 바랍니다.

축문 용어 해설

① 維 歲次(유 세차): 매어두었던 해가 바뀌어 즉 어느덧 해가 바뀌어.

② 孝子(효자): 맏아들이라는 의미이다.

③ 敢昭告于(감소고우): 밝혀서 고하다.

④ ○○○氏: 본관성씨를 적는 곳이다. 본관이 밀양이고 성씨가 박씨이면 밀양박씨라고 쓴다.

⑤ 歲序遷易(세서천역): 세월이 흘러 때가 바뀌다.

⑥ 諱日復臨(휘일부림): 돌아가신 날이 다시 돌아오다.

⑦ 追遠感時(추원감시): 돌아가신 때를 맞이하여 진정한 마음으로 감동하다.

⑧ 昊天罔極(호천망극): '하늘이 넓고 끝이 없다'는 뜻으로 '부모의 은혜가 크고 끝이 없음'을 의미한다. [부모 축문에 사용함]

⑨ 謹以(근이): 삼가 정성을 다하다.

⑩ 淸酌庶羞(청작서수): 맑은 술과 여러 가지 음식을 바치다.

⑪ 恭伸奠獻(공신전헌): 공손히 제물(祭物)을 올리다. 또는 제사를 지내다.

⑫ 尙饗(상향): 흠향하시옵소서.

11) 남편 제사 축문

維유

歲세 次차 干간 支지 ○모 月월 干간 支지 朔삭 ○모 日일 干간 支지 妻처 ○ ○ ○ 敢감 昭소 告고 于우

顯현 壁벽 學학 生생 府부 君군 歲세 序서 遷천 易역 諱휘 日일 復부 臨림 追추 遠원 感감 時시

不불 勝승 憾감 愴창 謹근 以이 淸청 酌작 庶서 羞수 恭공 伸신 奠전 獻헌 尙상

饗향

※ 妻○○○(처○○○)는 남편의 기제(忌祭)일 때 아내라는 뜻이며, 아내의 성과 이름까지 씁니다.

※ 남편의 제사에는 자녀가 있어도 아내가 제주가 됩니다.

※ 不勝憾愴(불승감창): 스스로 많은 느낌을 이기지 못하다.

※ 昊天罔極(호천망극)은 부모 축문에 쓰이므로 남편은 不勝憾愴(불승감창)이라고 씁니다.

어느덧 해가 바뀌어 ○○년 ○월 ○일에 아내 ○○○는(은) 삼가 밝혀 고합니다. 세월이 흘러 때가 바뀌어서 당신이 별세하던 그날이 다시 돌아와 당신을 생각하니 많은 느낌으로 가슴 아픔을 참지 못하고 사모하는 마음을 이기지 못하겠으며, 삼가 정성을 다하여 맑은 술과 여러 가지 음식을 마련하여 제물을 드리오니 흠향하시기 바랍니다.

축문 용어 해설

① 유 세차(維 歲次): 매어두었던 해가 바뀌어, 즉 어느덧 해가 바뀌어.

② 妻○○○(처○○○): 남편의 제사 축문에서 아내라는 뜻이다. 성과 이름까지 쓴다.

③ 敢昭告于(감소고우): 밝혀서 고하다.

④ 歲序遷易(세서천역): 세월이 흘러 때가 바뀌다.

⑤ 諱日復臨(휘일부림): 돌아가신 날이 다시 돌아오다.

⑥ 追遠感時(추원감시): 돌아가신 때를 맞이하여 진정한 마음으로 감동하다.

⑦ 不勝憾愴(불승감창): 많은 느낌으로 가슴 아픔을 참지 못하다. [남편의 축문에 사용함]

⑧ 謹以(근이): 삼가 정성을 다하다.

⑨ 淸酌庶羞(청작서수): 맑은 술과 여러 가지 음식을 올리다.

⑩ 恭伸奠獻(공신전헌): 공손히 제물(祭物)을 올리다. 또는 제사를 지내다.

⑪ 尙饗(상향): 흠향하시옵소서.

※ 남편의 제사에는 자녀가 있어도 아내가 제주가 됩니다.

※ 제사를 지낸 후에 축문을 불에 태우는 것을 소지(燒紙)라고 합니다. 불에 태운 축문이 신들이 거주하는 천상(天上)의 세계로 올라가서, 제사가 신에게 받아들여질 것이라는 생각에서 하는 것입니다. 이때에 축문을 태운 연기와 그을음이 하늘 높이 올라가도록 손바닥으로 날려 보냅니다.

13) 처 제사 축문

維유

歲세次차干간支지○月월干간支지朔삭○日일干간支지夫부○○○昭소告고于우

亡망室실孺유人인○○○氏씨歲세序서遷천易역亡망日일復부至지追추遠원感감時시

不불勝승悲비苦고茲자以이清청酌작庶서羞수陳진此차奠전儀의

尚상

饗향

※ 처의 제사에는 자녀가 있어도 남편이 제주가 됩니다.

※ 夫○○○는 아내의 기제(忌祭)일 때 남편이라는 뜻입니다. 여기에서는 남편의 성과 이름까지 씁니다.

※ 처의 축문에는 敢昭告于(감소고우)에서 敢(감)을 빼고, 昭告于(소고우)만 씁니다.

※ 亡室孺人(망실유인)을 故室孺人(고실유인)이라고 쓰기도 합니다.

※ 亡日復至(망일부지): 죽은 날이 돌아오다.

※ 不勝悲苦(불승비고): 괴롭고 슬픈 마음을 참을 수가 없다.

어느덧 해가 바뀌어 ○○년 ○월 ○일에 남편 ○○○는(은) 밝혀 알리오.

세월이 흘러 때가 바뀌어서 당신이 세상을 떠난 그날이 다시 돌아와 당신을 생각하니 몹시 괴롭고 슬픈 마음을 참을 수가 없고 사모하는 마음을 이기지 못하겠기에 정성을 다하여 맑은 술과 여러 가지 음식을 마련하여 제물을 올리니 흠향하기 바라오.

축문 용어 해설

① 維 歲次(유 세차): 매어두었던 해가 바뀌어, 즉 어느덧 해가 바뀌어.

② 夫○○○(부○○○): 아내의 제사 축문에서 남편이라는 뜻이다. 성과 이름까지 쓴다.

③ 昭告于(소고우): 밝혀서 고하다. [처의 축문에 사용함]

④ 歲序遷易(세서천역): 세월이 흘러 때가 바뀌다.

⑤ 亡日復至(망일부지): 죽은 날이 다시 이르다.

⑥ 追遠感時(추원감시): 돌아가신 때를 맞이하여 진정한 마음으로 감동하다.

⑦ 不勝悲苦(불승비고): 괴롭고 슬픈 마음을 참을 수가 없다. [처의 축문에 사용함]

⑧ 玆以(자이): 정성을 다하다. [아내와 아랫사람에게 사용함]

⑨ 淸酌庶羞(청작서수): 맑은 술과 여러 가지 음식을 드리다.

⑩ 陳此奠儀(진차전의): 마음을 다해 제상을 차리다. [주로 아내에게 사용함]

⑪ 尙饗(상향): 흠향하시옵소서.

※ 처의 축문에는 敢昭告于(감소고우)에서 敢(감)을 빼고, 昭告于(소고우)만 씁니다.

※ 부부 사이에 맏아들이 있으면 맏아들이 제주가 되어야 한다는 주장도 있으나, 제주는 돌아가신 분과 제일 가까운 분이 되는 것이 원칙입니다. 그래서 남편이 세주가 되는 것으로 설정하였습니다.

15) 아들 제사 축문

維유

歲세次차干간支지○모月월干간支지朔삭○모日일干간支지父부告고于우

亡망子자○○歲세序서遷천易역亡망日일復부至지心심燬훼悲비念념

玆자以이清청酌작庶서羞수伸신此차奠전儀의 尚상

饗향

※ 자식의 경우는 손자가 있어도 아버지가 제주가 됩니다. 아들이 결혼을 하여 손자
   가 있으면 손자가 제주가 되어야 한다는 일부의 주장도 있으나 이 책에서는 아버
   지가 살아 계시면 아버지가 제주가 되어야 한다는 것으로 설정하였습니다.

어느덧 해가 바뀌어 ○○년 ○월 ○일에 아비는 알린단다.

세월이 흘러 절기가 바뀌어서 네가 세상을 떠난 그날에 다시 이르러 너를 생각하니 슬픈 마음에 가슴을 다 태우는 것 같고, 비통한 마음 한량없어 이에 맑은 술과 음식을 마련하여 제사를 지내니 응감하기 바란다.

축문 용어 해설

① 維 歲次(유 세차): 매어두었던 해가 바뀌어, 즉 어느덧 해가 바뀌어.

② 父(부): 아들의 제사 축문에서 아버지라는 뜻이다.

③ 告于(고우): 알리다. [아들의 축문에 사용함]

④ 歲序遷易(세서천역): 세월이 흘러 때가 바뀌다.

⑤ 亡日復至(망일부지): 죽은 날이 다시 이르다.

⑥ 心毀悲念(심훼비념): 슬픈 마음이 가슴을 다 태우다. 즉, 비통함이 한량없다. [자식
의 축문에 사용함]

⑦ 玆以(자이): 정성을 다하다. [아랫사람에게 사용함]

⑧ 신차전의(伸此奠儀): 마음을 다해 제상을 차리다. [아랫사람에게 사용함]

⑨ 상향(尙饗): 흠향하기 바라다.

⑩ 자식의 축문에는 감소고우(敢昭告于)에서 감소(敢昭)를 빼고, 고우(告于)만 쓴다.

제사 지내는 순서

1. 제사 지내는 방법

1) 분향강신(焚香降神)

제주가 향을 피우고 신위께서 강림(降臨)하시어 음식 드시기를 청합니다.

제주가 신위 앞에 꿇어앉아 분향한 뒤 왼쪽 집사가 제주에게 잔을 주고 술을 조금 따라줍니다. 제주는 향불 위에서 세 번 돌리고 오른손으로 잔을 들어 모사기에 조금씩 세 번 나누어 부은 다음 왼쪽 집사에게 줍니다. 왼쪽 집사는 잔을 받아서 고위(남자) 앞에 올립니다. 오른쪽 집사로부터도 잔을 받아 향불 위에서 세 번 돌리고 모사기에 세 번 나누어 부은 다음 빈잔을 오른쪽 집사에게 줍니다. 오른쪽 집사는 잔을 받아서 비위(여자) 앞에 올립니다. 두 번 절합니다.

2) 참신(參神)

분향강신을 마친 후에 제주 이하 모든 참사자가 두 번 절합니다.

신주(神主)인 경우에는 참신을 먼저하고, 지방(紙榜)인 경우에는 강신을 먼저 합니다.

3) 초헌(初獻)

첫째 잔을 올리는 것으로 초헌관(제주)이 신위 앞에 꿇어앉으면 왼쪽 집사가 초헌관(제주)에게 잔을 주고 술을 따라줍니다. 초헌관은 잔을 향불 위에서 세 번 돌리고 왼쪽 집사에게 줍니다. 왼쪽 집사는 잔을 받아서 고위(남자) 앞에 올립니다. 초헌관은 오른쪽 집사로부터도 잔을 받아서 그대로 한 다음 오른쪽 집사에게 줍니다. 오른쪽 집사는 잔을 받아서 비위(여자) 앞에 올리고, 메(밥), 갱(국) 등 모든 제물의 뚜껑을 엽니다.

4) 독축(讀祝)

모두가 꿇어앉아 엎드리면 참사자 중에 한 사람이 축문을 읽습니다. 다 읽으면 모두 두 번 절합니다.

5) 아헌(亞獻)

둘째 잔을 올리는 것으로, 아헌관(제주의 부인 또는 제주 다음 근친자)이 꿇어앉으면 왼쪽집사가 잔을 주고 술을 따라줍니다. 아헌관은 잔을 향불 위에서 세 번 돌리고 왼쪽 집사에게 줍니다. 왼쪽 집사는 잔을 받아서 고위(남자) 앞에 올리고, 젓가락을 접시 위에서 세 번 똑똑똑 구른 후에 놓습니다. 다음은 오른쪽 집사가 아헌관에게 잔을 주고 술을 따라줍니다. 아헌관은 잔을 향불 위에서 세 번 돌리고 오른쪽 집사에게 줍니다. 오른쪽 집사는 잔을 받아서 비위(여자) 앞에 올리고, 젓가락을 접시 위에서 세 번 똑똑똑 구른 후에 놓습니다. 아헌관은 두 번 절합니다(여자가 올릴 때에는 네 번 절합니다).

6) 종헌(終獻)

셋째 잔을 올리는 것으로, 종헌관(아헌관의 다음가는 근친자)이 꿇어앉으면 왼쪽 집사가 잔을 주고 술을 7부 정도만 따라줍니다. 종헌관은 잔을 향불 위에서 세 번 돌리고 왼쪽 집사에게 줍니다. 왼쪽 집사는 잔을 받아서 고위(남자) 앞에 올리고, 젓가락을 접시 위에서 세 번 똑똑똑 구른 후에 놓습니다. 다음은 오른쪽 집사가 종헌관에게 잔을 주고 술을 7부 정도만 따라줍니다. 종헌관은 잔을 향불 위에서 세 번 돌리고 오른쪽 집사에게 줍니다. 오른쪽 집사는 잔을 받아서 비위(여자) 앞에 올리고, 젓가락을 접시 위에서 세 번 똑똑똑 구른 후에 놓습니다. 종헌관은 두 번 절합니다. 잔에 술을 /부 정도만 따르는 것은 첨잔을 할 수 있도록 하기 위함입니다.

7) 계반(啓飯)

메(밥)그릇 및 탕이나 반찬의 뚜껑을 열어 놓습니다.

8) 삽시(插匙)

메(밥) 뚜껑을 열고 메(밥)그릇에 숟갈바닥이 우측으로 향하도록 꽂습니다. 젓가락은 시접 위에 손잡이가 왼쪽을 보게 놓습니다.

9) 첨작(添酌)

종헌관이 7부 정도만 채운 술잔에 초헌관(제주)이 무릎을 꿇고 다른 잔에 술을 따라서 좌우측 집사에게 주면 집사는 술을 조금씩 세 번 따라서 가득 채웁니다.

10) 합문(闔門)

참사자 일동이 방문을 닫고 대청이나 마루에서 조용히 기다립니다. 기다리는 시간은 합을 9번 떠서 드실 동안의 시간입니다.

11) 계문(啓門)

초헌관(제주)이 문 앞에서 기침을 한 다음 문을 열고 참사자와 함께 들어갑니다.

12) 헌다(獻茶)

갱(국)을 물리고 숭늉을 올립니다. 메(밥)를 조금씩 세 번 떠서 숭늉에 말아 놓고 수저를 숭늉 그릇에 담그어 놓습니다. 잠시 무릎을 꿇고 기다립니다.

13) 철시복반(撤匙復飯)

숭늉그릇에 있는 수저를 거두고 메(밥)그릇을 닫습니다.

14) 사신(辭神)

참사자 모두가 두 번 절합니다. 지방과 축문은 밖으로 가지고 나가서 불에 태워서 하늘로 날려 보냅니다. 신주일 경우는 사당으로 모십니다.

15) 철상(撤床)

제상에 차린 음식물을 치웁니다. 제상의 좌측(왼쪽)에서부터 다른 상으로 옮깁니다.

16) 음복(飮福)

조상께서 주신 복된 음식이라는 뜻입니다. 제사가 끝나면 초헌관(제주)이 제사상 위의 잔의 술을 마시고, 아헌관이나 종헌관도 술을 마십니다. 그리고 참사자 모두 음식을 나누어 먹습니다.

VI

명절 차례 축문

1. 차례의 의미

우리 민족의 고유 명절(名節)인 설날과 추석날은 조상의 음덕을 기리며 차례를 올리고, 모든 가족이 한데 모여 화목을 다지는 날입니다. 설날이나 추석날 아침에 지내는 차례는 지역이나 가문에 따라서 예절이 조금씩 다릅니다. 여기서는 향교에서 권장하는 표준에 가까운 전통적인 명절 차례를 소개하려고 합니다. 명절 차례를 소개하는 것은 가정마다 가풍의 예절을 지켜 지내되 참고하는 데 도움을 드리기 위해서입니다.

옛날에는 차례를 사당에서 지냈으나 요즘은 사당에서 지내는 집이 드물기 때문에 사당이 없는 집은 대청마루나 거실이 차례 장소로 적당하며, 한복을 입고 차례를 지낼 때에는 반드시 두루마기를 입어야 합니다.

차례는 정성을 담아서 가정 형편에 맞게 간소하게 햇곡식으로 음식을 만들어 올리며, 술은 한 번만 올립니다. 그리고 메(밥) 대신 설에는 떡국을, 추석에는 송편을 올립니다. 옛 어른들께서 '흉년이라고 거르지 말고, 풍년이라고 지나치지 말라'고 하셨던 말씀은 많은 것을 시사합니다.

1) 차례를 지낼 때에는 축문을 읽어야 합니다.

명절 차례는 간소하게 지낸다는 측면에서 단헌무축(單獻無祝)이라 하여 축문을 읽지 않는 집안도 있지만 원칙적으로는 축문을 읽어야 합니다.

축문은 『주자가례』로부터 출발하여 한문으로 정형화되어 있어서 한문이나 가례(家禮)를 모르는 사람은 쓸 수도 읽을 수도 없었습니다. 그래서 한문을 모르는 사람들은 마을 훈장(訓長)이나 선비 등에게 제사 축문을 써달라거나 읽어달라고 부탁하여 제사를 지냈습니다.

그러나 명절에는 모두가 차례를 지내기 때문에 훈장이나 선비가 남의 집 축문을 써

주고 읽으러 다닐 수가 없었습니다. 그래서 차례의 축문을 쓰거나 읽을 수 없는 사람들은 축문 없이 차례를 지내게 되면서 '명절 차례에는 축문을 읽지 않아도 된다'라고 위안을 삼으면서 축문 없이 차례를 지내는 풍습이 오늘날까지 전래되고 있습니다.

축문을 읽는 행위는 '조상들에게 차례에 올리는 음식을 흠향하시옵소서'라고 아뢰는 절차라는 의미가 있습니다. 따라서 사자(조상)와 생자(자손) 간을 이어주는 정신적인 감응의 글인 축문을 읽으며 차례를 지냅니다. 축문을 읽는 사람은 물론 차례에 참석한 사람 모두가 마음속에서 잠시나마 조상의 혼령과 감응하기 때문에 축문은 꼭 필요한 것입니다.

2) 차례는 기제사를 지내는 4대 조고비(고조부모)까지 지내며, 지방도 4대 조고비(고조부모)부터 부모까지 모두 써서 붙입니다.

3) 옛날에는 차례를 명절(설, 추석), 정월대보름, 한식, 단오날에 지냈으나 오늘날은 대부분 설과 추석에만 지냅니다.

- 설날은 歲律既更(세율기갱) 또는 歲序遷易世首復臨(세서천역세수부림)이라고 축문에 씁니다.
- 한식(寒食, 동지에서 105일 되는 날)은 雨露既濡(우로기유)라고 축문에 씁니다.
- 단오(端午, 음력 5월 5일)는 草木既長(초목기장)이나 時物暢茂(시물창무)라고 축문에 씁니다.
- 추석(秋夕, 음력 8월 15일)은 白露既降(백로기강)이라고 축문에 씁니다.

※ 獻(헌)을 앞에 붙이는 이유는 단헌 후에 무축(無祝)인지 독축(讀祝)인지의 절차를 고려해야 하기 때문입니다. 따라서 단헌무축(單獻無祝)이라고 말하는 것이 무축단헌(無祝單獻)이라고 말하는 것보다 좋습니다.

2. 설 차례 축문

① 태세 설 차례 축문

維유

歲세 次차 ○태 ○세 一일 月월 初초 一일 日일 ○간 ○지 孝효 玄현 孫손 ○ ○ 敢감 昭소 告고 于우

顯현 高고 祖조 考고 學학 生생 府부 君군

顯현 高고 祖조 妣비 孺유 人인 ○본 ○관 ○성 氏씨

顯현 曾중 祖조 考고 學학 生생 府부 君군

顯현 曾중 祖조 妣비 孺유 人인 ○본 ○관 ○성 氏씨

顯현 祖조 考고 學학 生생 府부 君군

顯현 祖조 妣비 孺유 人인 ○본 ○관 ○성 氏씨

顯현 考고 學학 生생 府부 君군 ○성

顯현 姚비 孺유 人인 ○본 ○관 ○성 氏씨 歲세 序서 遷천 易역 世세 首수 復부 臨림 追추 遠원 感감 時시

不불 勝승 感감 慕모 謹근 以이 淸청 酌작 庶서 羞수 恭공 伸신 奠전 獻헌 尚상

饗향

※ ○○一月初一日○○: 그해 태세(간지)와 1월 1일 간지를 씁니다.

※ 2021년은 辛丑年이고, 1월 1일 간지는 辛卯이므로 辛丑一月初一日辛卯라고 씁니다.

※ 2021년은 辛丑年이고, 정월 초하루가 설날이므로 辛丑正月초하루辛卯라고도 씁니다.

※ 남자는 관직이 있으면 관직명을 쓰고, 없으면 學生(학생)이라고 씁니다.

※ 여자는 관직이 있으면 관직명을 쓰고, 없으면 孺人(유인)이라고 씁니다.

② 단군기원 설 차례 축문

維(유) 歲次(세차) 檀君(단군) 記元(기원) 四三〇〇年(년) 世首(세수) 孝(효) 玄孫(현손) 〇〇 敢(감) 昭告(소고) 于(우)

顯(현) 高祖考(고조고) 學生(학생) 府君(부군) 〇〇
顯(현) 高祖妣(고조비) 孺人(유인) 〇〇 氏(씨)

顯(현) 曾祖考(증조고) 學生(학생) 府君(부군) 〇〇
顯(현) 曾祖妣(증조비) 孺人(유인) 〇〇 氏(씨)

顯(현) 祖考(조고) 學生(학생) 府君(부군) 〇〇
顯(현) 祖妣(조비) 孺人(유인) 〇〇 氏(씨)

顯(현) 考(고) 學生(학생) 府君(부군) 〇〇
顯(현) 妣(비) 孺人(유인) 〇〇 氏(씨)

歲序遷易(세서천역) 世首復臨(세수부림) 追遠感時(추원감시) 不勝感慕(불승감모) 謹以(근이) 清酌(청작) 庶羞(서수) 恭伸(공신) 奠獻(전헌) 尚(상) 饗(향)

※ 위 축문은 설날 아침에 4대 조부모부터 부모까지 모시는 차례의 축문입니다.

※ 난군기원(단기) 계산은 '서기+2333' 하면 됩니다.

※ 단군기원(檀君紀元) 대신에 서기(西紀)나 태세(太歲, 그 해의 간지)를 쓰기도 합니다.

※ 설날은 歲律旣更(세율기갱) 또는 歲序遷易世首復臨(세서천역세수부림)이라고 축문에
   씁니다.

3. 설 차례 축문 한자 해설

세월이 흘러 해가 바뀌어 단기 43○○년 정월 초하루(혹은 1월 1일) 설날 아침에 맏현손자(4대 맏손자) ○○는(은) 삼가 밝혀 고합니다.

고조할아버님과 ○○○씨 고조할머님, 증조할아버님과 ○○○씨 증조할머님, 할아버님과 ○○○씨 할머님 그리고 아버님과 ○○○씨 어머님에게 설 차례음식을 올립니다.

세월이 흘러 해가 바뀌어 새해 설날을 다시 맞이하여 조상님들의 은덕을 추모하니 조상님들의 생각이 더욱 납니다.

조상님들에 대한 사모하는 정을 이기지 못하여 여기 맑은 술과 여러 가지 음식을 준비하여 공경을 다하여 받들어 올리오니 흠향하시옵기 바랍니다.

축문 용어 해설

① 維 歲次(유 세차): 세월은 흘러.

② 檀君紀元(단군기원): 단군이 즉위한 해. 서기보다 2333년이 빠른 해를 원년으로 한다.

③ 歲首(세수): 새해의 처음, 즉 설날(음력 정월 초하루).

④ 敢昭告于(감소고우): 밝혀서 고하다.

⑤ ○○○氏: 본관성씨를 쓰는 곳이다. 본관이 전주이고 성씨가 이씨이면 전주이씨라 고 쓴다.

⑥ 歲序遷易(세서천역): 세월이 흘러 바뀌다. 즉, 해가 바뀌다.

⑦ 歲首復臨(세수부림): 새해의 첫날이 다시 돌아오다.

⑧ 追遠感時(추원감시): 조상의 은덕을 추모하며 감동하다. 즉, 세월이 흐를수록 더욱 생각이 나다.

⑨ 不勝感慕(불승감모): 조상님을 사모하는 정을 이기지 못하다. 즉, 사모하는 마음이 다함이 없다.

⑩ 淸酌庶羞(청작서수): 맑은 술과 여러 가지 음식을 바치다.

⑪ 恭伸奠獻(공신전헌): 공경을 다해 받들어 제물을 올리다. 즉, 공손히 올리다.

4. 추석 차례 축문

維유

歲세 次차 干간 支지 八팔 月월 干간 支지 朔삭 十십 五오 日일 干간 支지 孝효 玄현 孫손 ○ ○ 敢감 昭소 告고 于우

顯현 高고 祖조 考고 學학 生생 府부 君군 ○ ○

顯현 高고 祖조 妣비 孺유 人인 ○ ○ 氏씨

顯현 曾증 祖조 考고 學학 生생 府부 君군 ○ ○

顯현 曾증 祖조 妣비 孺유 人인 ○ ○ 氏씨

顯현 祖조 考고 學학 生생 府부 君군 ○ ○ ○

顯현 祖조 妣비 孺유 人인 ○ ○ 氏씨

顯현 考고 學학 生생 府부 君군 ○ ○ ○ 氏씨

顯현 妣비 孺유 人인 ○ ○ 氏씨 氣기 序서 流유 易역 時시 惟유 中중 秋추 白백 露로 旣기 降강

追추 遠원 感감 時시 不불 勝승 感감 慕모 謹근 以이 淸청 酌작 庶서 羞수 恭공 伸신 奠전 獻헌 尙상

饗향

※ 위 축문은 추석날 아침에 4대 조부모부터 부모까지 모시는 차례의 축문입니다.

※ 기제사를 4대 조부모까지 모시면 차례상도 4대 조부모까지 차리고, 지방도 4대 조부모까지 써서 붙입니다. 즉, 제사 지내는 분 모두를 지방을 써서 붙이고 차례를 지내는 것입니다.

※ 孝玄孫(효현손)=孝高孫(효고손)은 같은 의미이나, 孝玄孫(효현손)이라 씁니다.

5. 추석 차례 축문 한자 해설

세월이 흘러 해가 바뀌어 ○○년 8월 15일 추석날 아침에 맏현손자 ○○는(은) 삼가 밝혀 고합니다.
고조할아버님과 ○○○씨 고조할머님, 증조할아버님과 ○○○씨 증조할머님, 할아버님과 ○○○씨 할머님 그리고 아버님과 ○○○씨 어머님에게 추석 차례 음식을 올립니다.
날짜가 지나서 절기가 바뀌어 어느덧 가을이 되어 찬 이슬이 이미 내리는 추석을 맞이하여 세월이 흐를수록 조상님들이 더욱 생각납니다.
조상님들에 대한 사모하는 정을 이기지 못하여 여기에 맑은 술과 여러 가지 음식을 준비하여 공경을 다하여 받들어 제물을 올리오니 흠향하시옵기 바랍니다.

축문 용어 해설

① 維 歲次(유 세차): 세월은 흘러.

② 敢昭告于(감소고우): 밝혀서 고하다.

③ ○○○氏: 본관성씨를 적는 곳이다. 본관이 진주이고 성씨가 하씨이면 진주하씨라고 쓴다.

④ 氣序流易(기서유역): 공기의 차례가 바뀌어 지나다. 즉, 절기가 바뀌다.

⑤ 時維仲秋(시유중추): 가을이 되다.

⑥ 白露旣降(백로기강): 흰(찬) 이슬이 벌써 내렸다. 즉, 추석을 의미함.

⑦ 追遠感時(추원감시): 조상의 은덕을 추모하며 감동하다. 즉, 세월이 흐를수록 더욱 생각이 나다.

⑧ 不勝感慕(불승감모): 조상님을 사모하는 정을 이기지 못하다. 즉, 사모하는 마음이 다함이 없다.

⑨ 清酌庶羞(청작서수): 맑은 술과 여러 가지 음식을 바치다.

⑩ 恭伸奠獻(공신전헌): 공경을 다해 받들어 제물을 올리다. 즉, 공손히 올리다.

⑪ 尙饗(상향): 흠향하시옵소서.

6. 설의 유래

설날이 언제부터 우리 민족의 최대 명절로 여겨지게 되었는지에 대해서는 정확하게 알 수는 없으나 다음과 같은 5가지 설명이 통용되고 있습니다.

첫째, '삼간다'는 뜻으로 새해의 첫날에 일 년 동안 아무 탈 없이 지내게 해달라는 의미에서 생겼다고 합니다.

둘째, '섦다'의 뜻에서 유래된 말로 해가 지남에 따라 점차 늙어가는 처지를 서글퍼하는 뜻에서 생겼다고 합니다.

셋째, '설다', '낯설다'라는 뜻으로 새로운 시간 주기에 익숙하지 않다, 완전하지 않다는 뜻에서 생겼다고 합니다.

넷째, 한 해를 새로 세운다는 뜻의 '서다'에서 생겼다고 합니다.

다섯째, '나이', '해'를 뜻하는 말로, '나이를 하나 더 먹는 날'의 의미로 생겼다고 합니다.

※ 그믐날 밤에 자면 눈썹이 희어진다고 하여 밤을 새우는데, 이를 수세(守歲)라고 합니다.

※ 차례와 성묘가 끝나면 어른께 찾아가서 세배를 하며, 이때 나누는 말을 덕담(德談)이라 합니다.

7. 추석의 유래

추석은 한가위 또는 중추절이라고도 합니다. 『예기(禮記)』의 '조춘일 추석월(早春日 秋夕月)'에서 나왔습니다. 중추절은 가을을 초추, 중추, 종추 3달로 나누었을 때 8월이 그 가운데 들어서 붙인 이름입니다. 한가위, 즉 가윗날의 유래는 신라시대까지 거슬러 올라갑니다. 『삼국사기』에 의하면 왕이 신라를 6부로 나누고 왕녀(王女) 2인이 각부를 통솔하여 무리를 만들고 7월 16일부터 길쌈을 하여 8월 15일 그 성과를 살펴 진편이 술과 음식을 내놓아 이긴 편을 축하하고 가무(歌舞)와 놀이로 즐겼는데 이를 '가배(嘉俳)'라 하였습니다. 가배의 어원은 '가운데'라는 뜻으로 8월 15일이 우리의 대표적인 만월(큰 보름달) 명절이기 때문에 붙여졌고, 오곡백과가 풍성하여 일 년 가운데 가장 넉넉한 때라는 뜻으로 붙인 이름이라고 합니다.[1]

---

1) 출처: 네이버 지식백과

8. 기제사와 차례의 차이점

① 기제는 조상이 돌아가신 날에 지내고 차례는 명절에 지냅니다.

② 기제는 밤에 지내고 차례는 아침에 지냅니다.

③ 기제는 돌아가신 조상과 그 배우자만 지내고, 차례는 기제를 받드는 모든 조상에게 지냅니다.

④ 기제는 메(밥)와 갱(국)을 올리나 차례는 설에는 떡국을, 한가위에는 송편을 올립니다.

⑤ 기제는 술을 세 번 올리지만 차례는 한 번만 올립니다.

⑥ 기제는 첨작을 하지만 차례는 하지 않습니다.

⑦ 기제는 합문과 계문을 하지만 차례는 하지 않습니다.

⑧ 기제는 숭늉을 올리지만 차례는 올리지 않습니다.

시대별 주요 명절
- 고려시대 9대 명절: 설, 정월대보름, 삼짇날, 팔관회, 한식, 단오, 추석, 중구, 동지
- 조선시대 4대 명절: 설, 한식, 단오, 추석
- 오늘날 2대 명절: 설, 추석

VII

묘제 축문 쓰는 법

1. 산신제 축문

維(유)

歲(세)次(차)干(간)支(지)○(모)月(월)干(간)支(지)朔(삭)○(모)日(일)干(간)支(지)幼(유)學(학)○○○敢(감)昭(소)告(고)于(우)

土(토)地(지)之(지)神(신)恭(공)修(수)歲(세)事(사)于(우)

顯(현)九(구)代(대)祖(조)考(고)學(학)生(생)府(부)君(군)

顯(현)九(구)代(대)祖(조)妣(비)○○○氏(씨)之(지)墓(묘)維(유)時(시)保(보)佑(우)實(실)賴(뢰)神(신)休(휴)

敢(감)以(이)酒(주)饌(찬)敬(경)伸(신)奠(전)獻(헌)　尚(상)

饗(향)

※ 묘제를 지낼 때에는 묘제를 지내기 전에 술과 간단한 음식을 마련하여 그 산의 신에게 먼저 산신제를 올립니다. 위의 산신제 축문은 그 산에 있는 묘소 중에서 제일 윗대 조상이 9대 조고비(9대 조부모)라고 가정하고 산신에게 올리는 축문입니다.

※ 산신은 고하는 사람의 조상이 아니므로 고하는 사람은 자기의 성(姓)과 이름을 씁니다.

※ 고하는 사람의 관직이 없으면 幼學(유학)이라 쓰고, 관직이 있으면 관직명을 씁니다.

2. 산신제 축문 한자 해설

세월이 흘러 해가 바뀌어 ○○년 ○월 ○일에 ○○○는(은) 삼가 밝혀 아뢰옵나이다.

산신령님께서 저희 9대 할아버지와 9대 ○○○씨 할머니의 묘를 늘 지켜주시고 보살펴 주시는 은덕과 은혜를 받는 것에 대하여 깊이 감사드리오며 감히 술과 찬을 마련하여 정성을 다해서 받들어 올리오니 흠향하시옵소서.

축문 용어 해설

① 維 歲次(유 세차): 세월은 흘러.

② 幼學(유학): 관직에 오르지 않았거나, 과거를 준비하며 학교에 재학 중인 유생 (儒生).

③ 敢昭告于(감소고우): 밝혀서 고하다.

④ 恭修歲事于(공수세사우): 공손히 세사를 드리다.

⑤ ○○○氏: 본관성씨를 적는 곳이다. 본관이 광산이고 성씨가 김씨이면 광산김씨라고 쓴다.

⑥ 維時保佑(유시보우): 오직 때에 따라서 도와주시다. 즉, 지켜주시고 보살펴 주신 은덕.

⑦ 實賴神休(실뢰신휴): 실제로 신의 은혜를 받다. 즉, 신령님의 은혜를 받다.

⑧ 敢以酒饌(감이주찬): 감히 술과 반찬을 올리다.

⑨ 敬伸奠獻(경신전헌): 공경을 다해 받들어 올리다.

⑩ 尙饗(상향): 흠향하시옵소서.

3. 묘제 축문(관직 있는 경우)

維유

歲次干支○月干支朔○日干支九代孝孫○○敢昭告于
（세차간지 ○월간지삭 ○일간지 구대효손 ○○ 감소고우）

顯九代祖考通訓大夫軍資監正府君
（현구대조고 통훈대부 군자감정부군）

顯九代祖妣淑人○○○氏之墓歲薦一祭禮有中制履玆霜露
（현구대조비 숙인 ○○○씨지묘 세천일제 예유중제 이자상로）

彌增感慕謹以清酌庶羞祗薦歲事 尚
（미증감모 근이청작서수 지천세사 상）

饗
（향）

※ 묘제(墓祭)는 시조부모(始祖父母)에서부터 오대조부모(五代祖父母)까지 조상들의 묘
  소에서 지내는 제사로 한식날이나 시월(十月)에 날짜를 정하여 지내는 제사입니
  다. 그러나 오늘날 음력 시월에 묘소에서 지내는 제사인 묘제(墓祭)를 시제(時祭)와
  혼용하는 사람들도 있습니다.

4. 묘제 축문 한자 해설(관직 있는 경우)

세월이 흘러 해가 바뀌어 ○○년 ○월 ○일에 9대 맏손자 ○○는(은) 삼가 밝혀 고합니다.

정3품 하계 통훈대부 군자감정을 지내신 9대 할아버님과 9대 숙인 ○○○씨 할머님의 묘소에서 예를 갖추어 해가 되어서 한 차례(한 번)의 제사음식을 올립니다.

가을이 깊어서 찬이슬이 내린 것을 밟으니 여러 가지 감회에 날이 갈수록 9대 할아버님과 9대 할머님을 사모하는 마음이 더하게 됩니다.

여기에 삼가 맑은 술과 여러 가지 음식을 마련하여 올리오니 흠향하시옵기 바랍니다.

축문 용어 해설

① 維 歲次(유 세차): 세월은 흘러.

② 敢昭告于(감소고우): 밝혀서 고하다.

③ ○○○氏: 본관성씨를 적는 곳이다. 본관이 김해이고 성씨가 김씨이면 김해김씨라고 쓴다.

④ 歲薦一祭(세천일제): 해가 되어 한 차례(한 번)의 제사를 드리다.

⑤ 禮有中制(예유중제): 예의 바른 법도가 있다. 즉, 예의를 갖추다.

⑥ 履玆霜露(이자상로): 찬 이슬을 밟으며.

⑦ 彌增感慕(미증감모): 날이 갈수록 사모하는 마음이 더하다.

⑧ 謹以(근이): 삼가 정성을 다하다.

⑨ 淸酌庶羞(청작서수): 맑은 술과 여러 가지 음식을 바치다.

⑩ 祗薦歲事(지천세사): 공경하는 마음으로 세사를 올리다.

⑪ 尙饗(상향): 흠향하시옵소서.

5. 묘제 축문(관직 없는 경우)

維유

歲次干支○月干支朔○日干支九代孝孫○○敢昭告于
(세차간지 모월 간지삭 모일 간지 구대효손 감소고우)

顯九代祖考學生府君
(현구대조고 학생부군)

顯九代祖妣孺人○○氏之墓歲薦一祭禮有中制履玆霜露
(현구대조비 유인 씨지묘 세천일제 예유중제 이자상로)

彌增感慕謹以淸酌庶羞祗薦歲事 尚
(미증감모 근이청작 서수지천세사 상)

饗향

※ 위 축문은 구대조고(九代祖考)가 벼슬이 없는 경우의 묘제 축문 예시입니다.

※ 8대이면 9대를 8대로, 7대이면 9대를 7대로 대수(代數)만 바꾸어 적으면 됩니다.

※ 歲薦一祭(세천일제): 해가 되어 한 차례(한 번)의 제사를 드리다.

※ 禮有中制(예유중제): 예에 바른 법도가 있다. 즉, 예의를 갖추다.

6. 묘제 축문 한자 해설(관직 없는 경우)

세월이 흘러 해가 바뀌어 ○○년 ○월 ○일에 9대 맏손자 ○○는(은) 삼가 밝혀 고합니다.

9대 할아버님과 9대 ○○○씨 할머님의 묘소에서 예를 갖추어 해가 되어서 한 차례(한 번)의 제사음식을 올립니다.

가을이 깊어서 찬 이슬이 내린 것을 밟으니 여러 가지 감회에 젖어 날이 갈수록 9대 할아버님과 9대 할머님을 사모하는 마음이 더하게 됩니다.

여기에 삼가 맑은 술과 여러 가지 음식을 마련하여 올리오니 흠향하시옵기 바랍니다.

축문 용어 해설

① 維 歲次(유 세차): 세월은 흘러.

② 敢昭告于(감소고우): 밝혀서 고하다.

③ ○○○氏: 본관성씨를 적는 곳이다. 본관이 여흥이고 성씨가 민씨이면 여흥민씨라

　 고 쓴다.

④ 歲薦一祭(세천일제): 해가 되어 한 차례(한 번)의 제사를 드리다.

⑤ 禮有中制(예유중제): 예의 바른 법도가 있다. 즉, 예의를 갖추다.

⑥ 履玆霜露(이자상로): 찬 이슬을 밟다.

⑦ 彌增感慕(미증감모): 날이 갈수록 사모하는 마음이 더하다.

⑧ 謹以(근이): 삼가 정성을 다하다.

⑨ 淸酌庶羞(청작서수): 맑은 술과 여러 가지 음식을 바치다.

⑩ 祇薦歲事(지천세사): 공경하는 마음으로 세사를 올리다.

⑪ 尙饗(상향): 흠향하시옵소서.

시제 축문 쓰는 법

1. 시제 축문(관직 있는 경우)

維유

歲次干支○月干支朔○日干支八代孝孫○○敢昭告于
(세차 간지 모월 간지삭 모일 간지 팔대 효손 감소고우)

顯八代祖考正憲大夫戶曹判書府君
(현 팔대조고 정헌대부 호조판서 부군)

顯八代祖妣貞夫人○○○氏之墓氣序流易霜露旣降
(현 팔대조비 정부인 씨 지묘 기서유역 상로기강)

瞻掃封塋不勝感慕謹以淸酌庶羞祗薦歲事 尚
(첨소 봉영 불승감모 근이 청작 수지천세사 상)

饗향

※ 시제(時祭)는 계절에 따라서 일 년에 네 번 지내는 제사를 말합니다.

※ 8대 조고(8대 할아버지)의 관직이 정2품 상계인 정헌대부(正憲大夫) 호조판서(戶曹判書)이므로 부인은 외명부에 맞추어 貞夫人(정부인)이라고 씁니다.

2. 시제 축문 한자 해설(관직 있는 경우)

세월이 흘러 해가 바뀌어 ○○년 ○월 ○일에 8대 맏손자 ○○는(은) 삼가 밝혀 고합니다.

정2품 상계 정헌대부 호조판서를 지내신 8대 할아버님과 8대 정부인 ○○○씨 할머님의 묘소에서 바라보니 날짜가 지남에 따라 절기가 바뀌어서 찬 이슬과 서리가 이미 내렸습니다.

묘소를 깨끗이 단장하고, 8대 할아버님과 8대 할머님을 생각하니 영원하신 은혜가 커서 사모하는 마음을 이기지 못하겠습니다.

여기에 삼가 맑은 술과 여러 가지 음식을 마련하여 올리오니 흠향하시옵기 바랍니다.

축문 용어 해설

① 維 歲次(유 세차): 세월은 흘러.

② 敢昭告于(감소고우): 밝혀서 고하다.

③ ○○○氏: 본관성씨를 적는 곳이다. 본관이 안동이고 성씨가 권씨이면 안동권씨라
   고 쓴다.

④ 氣序流易(기서유역): 공기의 차례가 바뀌어 지나다. 즉, 절기가 바뀌다.

⑤ 霜露旣降(상로기강): 찬 이슬과 서리가 이미 내렸다.

⑥ 瞻掃封塋(첨소봉영): 묘소를 깨끗이 단장하고 바라보다.

⑦ 謹以(근이): 삼가 정성을 다하다.

⑧ 淸酌庶羞(청작서수): 맑은 술과 여러 가지 음식을 바치다.

⑨ 祇薦歲事(지천세사): 공경하는 마음으로 세사를 올리다.

⑩ 尙饗(상향): 흠향하시옵소서.

3. 시제 축문(관직 없는 경우)

維_유

歲_세次_차干支_{간지}○月_{모월}干支_{간지}朔_삭○日_{모일}干支_{간지}八代_{팔대}孝孫_{효손}○○敢昭告于_{감소고우}

顯_현八代_{팔대}祖考_{조고}學生_{학생}府君_{부군}

顯_현八代_{팔대}祖妣_{조비}孺人_{유인}○○○氏_씨之_지墓_묘氣序_{기서}流易_{유역}霜露_{상로}旣降_{기강}

瞻_첨掃_소封塋_{봉영}不勝_{불승}感慕_{감모}謹以_{근이}淸酌_{청작}庶羞_{서수}祗薦_{지천}歲事_{세사}尚_상

饗_향

※ 시제(時祭)는 계절에 따라서 일 년에 네 번 지내는 제사를 말합니다.

※ 위의 축문은 가을철에 지내는 시제이므로 霜露旣降(상로기강)이라고 씁니다.

※ 봄철은 雨露旣濡(우로기유)라 쓰고, 여름철은 草木旣長(초목기장)이라 쓰며, 겨울철
은 時維孟冬(시유맹동)이라고 씁니다.

※ 7대이면 8대를 7대로, 6대이면 8대를 6대로 대수(代數)만 바꾸어 적으면 됩니다.

4. 시제 축문 한자 해설(관직 없는 경우)

세월이 흘러 해가 바뀌어 ○○년 ○월 ○일에 8대 맏손자 ○○는(은) 삼가 밝혀 고합니다.

8대 할아버님와 8대 ○○○씨 할머님의 묘소에서 바라보니 날짜가 지남에 따라 절기가 바뀌어 찬 이슬과 서리가 이미 내렸습니다.

묘소를 깨끗이 단장하고, 8대 할아버님과 8대 할머님을 생각하니 영원하신 은혜가 커서 사모하는 마음을 이기지 못하겠습니다.

여기에 삼가 맑은 술과 여러 가지 음식을 마련하여 올리오니 흠향하시옵기 바랍니다.

축문 용어 해설

① 維 歲次(유 세차): 세월은 흘러.

② 敢昭告于(감소고우): 밝혀서 고하다.

③ ○○○氏: 본관성씨를 적는 곳이다. 본관이 경주이고 성씨가 김씨이면 경주김씨라고 쓴다.

④ 氣序流易(기서유역): 공기의 차례가 바뀌어 지나다. 즉, 절기가 바뀌다.

⑤ 霜露旣降(상로기강): 찬 이슬과 서리가 이미 내렸다.

⑥ 瞻掃封塋(첨소봉영): 묘소를 깨끗이 단장하고 바라보다.

⑦ 謹以(근이): 삼가 정성을 다하다.

⑧ 淸酌庶羞(청작서수): 맑은 술과 여러 가지 음식을 바치다.

⑨ 祗薦歲事(지천세사): 공경하는 마음으로 세사를 올리다.

⑩ 尙饗(상향): 흠향하시옵소서.

IX

항렬 정하는 방법 및
촌수와 호칭

1. 항렬 정하는 방법

항렬(行列)은 같은 혈족(血族) 사이에서 계통(系統)의 위치(位置)를 표시하기 위하여 마련된 것으로 이는 문중(門中)마다 족보를 편찬할 때에 일정한 법칙에 따라서 세수끼리의 항렬자(行列字)와 그 용법을 정해서 후손들이 이에 따르도록 하고 있습니다.

이를테면 할아버지 대에서 이름 앞 자가 항렬을 따르면, 아버지 대는 뒷 자가 항렬을 따르고, 자기 대에서는 다시 앞 자가 항렬을 따르는 식으로 앞뒤 순환방식을 사용합니다. 그래서 우리나라에서는 초면일지라도 동성동본이면 서로 항렬을 비교하여 조항(祖行, 할아버지뻘)인지, 숙항(叔行, 아저씨뻘)인지, 동항(同行, 형제뻘)인지, 질항(姪行, 조카뻘)인지, 손항(孫行, 손자뻘)인지 쉽게 알 수 있게 됩니다.

각 가문(家門)마다 차이는 있으나 다음과 같은 방법으로 항렬을 정하고 있습니다.

1) 오행상생법(五行相生法)

오행의 근본인 '木-火-土-金-水'가 포함된 글자를 변으로 하여 번갈아 가면서 쓰는 경우인데 이 방법을 문중마다 가장 많이 사용하고 있습니다.

이 방법은 주역의 음양오행설(陰陽五行說)에 원리를 둔 것으로 오행의 상생과 상극원리에 의해서 생성된다는 학설에 따라서 항렬자를 정하는 것입니다.

예를 들어서 목생화(木生火), 화생토(火生土), 토생금(土生金), 금생수(金生水), 수생목(水生木)이 서로 화합하고 순환해서 상생된다는 이치에 따라서 자손의 번창을 기원하는 의미가 담겨 있습니다.

① 木(목) 자를 쓰는 경우

相(상), 植(식), 柱(주), 松(송), 東(동), 柄(병), 根(근), 枋(병), 樹(수) 등

② 火(화) 자를 쓰는 경우

炳(병), 炯(형), 熙(희), 烈(열), 煥(환), 燮(섭), 煜(욱) 등

③ 土(토) 자를 쓰는 경우

喜(희), 在(재), 均(균), 坤(곤), 基(기), 培(배), 奎(규), 埈(준) 등

④ 金(금) 자를 쓰는 경우

鎬(호), 鍾(종), 鉉(현), 鐵(철), 錤(기), 錫(석), 銀(은), 銅(동) 등

⑤ 水(수) 자를 쓰는 경우

洙(수), 漢(한), 浩(호), 河(하), 洞(동), 源(원), 泳(영), 淳(순), 泰(태) 등

2) 십간법(十干法)

甲, 乙, 丙, 丁, 戊, 己, 庚, 辛, 壬, 癸의 변이 포함된 글자를 선택해서 이름의 앞 글자나, 뒤 글자에 번갈아가면서 씁니다.

甲(갑), 乙(을), 丙(병), 寧(영), 茂(무), 範(범), 任(임), 揆(규)의 천간(天干)을 포함한 글자를 순차적으로 쓰기도 합니다.

① 甲(갑): 重(중), 萬(만), 東(동), 愚(우)
② 乙(을): 九(구), 元(원), 凡(범), 胤(윤)
③ 丙(병): 丙(병), 雨(우), 昞(병), 英(영)

④ 丁(정): 寧(영), 宇(우), 壽(수), 永(영)

⑤ 戊(무): 茂(무), 成(성), 咸(함), 儀(의), 哉(재)

⑥ 己(기): 範(범), 起(기), 紀(기), 記(기)

⑦ 庚(경): 康(강), 庸(용), 秉(병), 鏞(용), 慶(경)

⑧ 辛(신): 辨(변), 薛(설), 瓣(판), 臂(비)

⑨ 壬(임): 廷(정)

⑩ 癸(계): 揆(규), 鄧(등), 昊(호)

3) 십이지법(十二支法)

子, 丑, 寅, 卯, 辰, 巳, 午, 未, 申, 酉, 戌, 亥의 지지를 포함한 글자를 순차적으로 씁니다. 또는 子, 丑, 寅, 戌, 亥의 지지를 포함한 글자를 순차적으로 쓰기도 합니다.

4) 숫자법(數字法)

一, 二, 三, 四 등의 숫자를 순차적으로 쓰기도 합니다.

① 一(일): 雨(우), 大(대)

② 二(이): 宗(종), 天(천)

③ 三(삼): 春(춘), 泰(태)

④ 四(사): 寧(영), 憲(헌)

⑤ 五(오): 梧(오), 俉(오)

⑥ 六(육): 章(장), 奇(기)

⑦ 七(칠): 虎(호), 純(순)

⑧ 八(팔): 謙(겸), 埈(준)

⑨ 九(구): 旭(욱)

⑩ 十(십): 平(평), 南(남)

5) 천자문법(千字文法)

천자문 글자를 순차적으로 쓰기도 합니다.

6) 기타 방법

오행과 십간병용법, 오행과 숫자병용법, 십간과 십이지병용법 등이 있습니다.

2. 친족의 촌수(계촌법)와 가족의 호칭

친족(親族)이란 혈연으로 맺어진 관계와 그 배우자를 말합니다.

1991년 1월 1일부터 시행된 민법 제777조에 규정된 범위는 부계와 모계를 따지지 않고 ①8촌 이내의 혈족, ②4촌 이내의 인척, ③배우자만으로 규정하고 있습니다. 이 수정된 내용은 성에 따른 차이는 없었지만, 실제적인 친족의 범위는 종래의 '4촌 이내의 모계혈족'이 '8촌 이내의 모계혈족'으로 확대되는 등 넓어지게 되었습니다.

그러나 여기서는 고조부모를 함께하는 혈족과 그 배우자를 대상으로만 나타내었습니다.

1) 촌수(계촌법) 정하는 규칙

※ 원 안의 숫자는 촌수를 나타내는 숫자입니다.

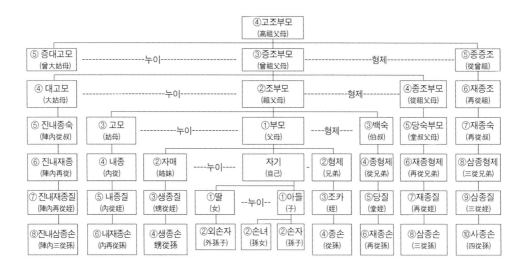

① 계촌이란 혈연 관계의 멀고 가까움을 나타내는 촌수를 말합니다. 그러므로 계촌
  은 혈통이 어떠하며 나와 상대방이 어떤 관계에 있는지를 쉽게 알 수 있고, 촌수
  도 같은 의미가 있음을 알 수 있습니다.

② 촌수는 직계가 한 단계씩 올라가거나 내려갈 때에 1촌씩 변합니다. 즉, 나와 아버
  지는 1촌, 할아버지는 2촌, 증조할아버지는 3촌, 고조할아버지는 4촌의 관계입니
  다. 마찬가지로 나와 아들은 1촌, 손자는 2촌, 증손자는 3촌, 현손자는 4촌의 관
  계입니다.

③ 아버지와 아들은 촌수로 따지자면 자기(自己)와 1촌의 관계입니다.

④ 숙항(叔行, 아저씨뻘)과 질항(姪行, 조카뻘)은 촌수가 홀수입니다(3촌, 5촌, 7촌, 9촌 등).

⑤ 동항(同行, 형제뻘)은 촌수가 짝수입니다(2촌, 4촌, 6촌, 8촌 등).

⑥ 혈족(血族)은 혈통의 관계가 있는 겨레붙이를 말합니다.

⑦ 인척(姻戚)은 혼인으로 맺어진 친척을 말합니다.

2) 가족의 호칭

구분	자기 가족		남의 가족	
	산 사람	죽은 사람	산 사람	죽은 사람
할아버지 (祖父)	祖父(조부) 王父(왕부)	先考祖(선고조) 祖考(조고)	王尊丈(왕존장) 王大人(왕대인)	先祖父丈(선조부장) 先王考丈(선왕고장)
할머니 (祖母)	祖母(조모) 王母(왕모)	先祖母(선조모) 祖妣(조비)	王大夫人(왕대부인) 尊祖母(존조모)	先王大夫人(선왕대부인) 先祖妣(선조비)
아버지 (父)	家親(가친) 嚴親(엄친)	先親(선친) 先考(선고)	春府丈(춘부장) 春堂(춘당)	先大人(선대인) 先考丈(선고장)
어머니 (毌)	慈親(자친) 家慈(가자)	先妣(선비) 先慈(선자)	慈堂(자당) 大夫人(대부인)	先大夫人(선대부인) 先夫人(선부인)
아들 (子)	家兒(가아) 豚兒(돈아)		令郎(영랑) 令息(영식)	
딸 (女)	女息(여식) 息鄙(식비)		令愛(영애) 令嬌(영교)	

3) 기타 호칭

큰 아버지 / 큰 어머니	백부(伯父) 또는 세부(世父:집안의 대를 잇는 아버지) / 백모(伯母)
작은 아버지 / 작은 어머니	숙부(叔父) / 숙모(叔母)
아버지의 사촌 형제	당숙(堂叔), 종숙(從叔)
다른 사람의 처부모를 가리킬 때	빙장(聘丈) / 빙모(聘母)
자기 처부모를 가리킬 때	장인(丈人) / 장모(丈母)
자기의 아내	처(妻), 내자(內子)
남의 아내	영부인(令夫人), 영실(令室)
6촌형	재종형(再從兄)
맏형	백형(伯兄), 가백(家伯: 남에게 자기 맏형을 일컫는 말)
형	가형(家兄), 사형(舍兄: 남에게 자기 형을 일컫는 말)
남편의 형	시아주버니(媤叔)
남편의 기혼동생	서방님
남편의 미혼동생	도련님
오빠나 남동생의 아내	올케(큰올케 오빠의 아내, 작은올케 남동생의 아내)
손윗누이의 남편	자형(姉兄: 남부지방 사용), 매형(妹兄: 중부지방 사용), 매부(妹夫)
손아래누이의 남편	매부(妹夫: 자기보다 누이동생 남편의 나이가 많은 경우), 매제(妹弟: 자기보다 누이동생 남편의 나이가 적은 경우)
누이의 아들 / 누이의 딸	생질(甥姪) / 생질녀(甥姪女)
누이의 딸 남편	생질서(甥姪壻)
조카 / 조카며느리	질(姪) / 질부(姪婦)
자신의 손자	손자(孫子), 손아(孫兒)
남의 손자	영포(令抱), 영손(令孫)
친하고 정다운 벗	대형(大兄), 인형(仁兄)
남의 맏형 / 아우	백씨(伯氏: 남의 맏형을 높여 이르는 말) / 계씨(季氏), 제씨(弟氏)

※ 국립국어원에서는 누나의 남편을 자형, 매형, 매부까지 표준화법으로 하고 있습니다.

※ 손아래 누이의 남편은 '매부', '매제'라 합니다. 일부에서 妹(매)를 '손아래 누이 매' 라고만 풀이하고 있으나 妹(매)는 '누이', '여자아이'라는 의미도 있어서 누나와 남 동생을 男妹(남매)라고 할 때에는 '손윗누이'의 의미가 있고, 오빠와 여동생을 男妹 (남매)라고 할 때에는 '손아래 누이'의 의미가 있습니다.

산악회 시산제(산신제)

1. 산악회 시산제(산신제) 지내는 법

시산제(始山祭)는 1990년대 초반까지만 해도 '산신제' 또는 '산제'라고 했으며, 산에서 야영을 하면서 밤 12시경에 산신제(산제)를 지냈으나 지금은 대부분 낮에 지내고 있습니다.

시대의 흐름에 따라 전문적인 등산보다는 건강과 여가선용을 위해 산악회가 구성되면서부터, '산신제', '산제'라는 명칭보다는 '시산제'라는 명칭을 더 많이 사용하고 있습니다. 한 해를 시작하면서, 지난해에 대한 감사의 표현과 새해에 대한 무사안녕을 기원하는 의미가 부각된 것입니다.

시산제는 음력 정월에 지내는 것이 원칙이지만 이때는 날씨가 추우므로 많은 회원들이 참석할 수 있도록 음력 이월이나 삼월에 지내는 경우도 많아졌습니다.

시산제는 산을 오르는 등산인으로서 산에 대한 예를 표하는 예법인 만큼, 정중하고 엄숙해야 하며 무속이나 종교적인 의미가 아님을 이해해야 합니다.

시산제의 식순이나 방법은 산악회마다 다를 수 있기 때문에 각 산악회에서 해오던 방식대로 준비하고 정성을 드려서 시산제를 지내면 됩니다.

아래에 바람직한 시산제를 소개하니 참고하기 바랍니다.

1) 시산제 준비물

① 태극기(태극기, 국기봉, 깃대)
② '○○山 山神靈 神位(○○산 산신령 신위: 산신령 지방)'와 산악회 플래카드
③ 떡(시루떡, 향, 초, 쌀)
④ 고기(돼지머리, 돼지수육, 김치, 새우젓, 된장)
⑤ 북어포, 삼색나물(도라지, 고사리, 시금치), 전(육류, 파, 호박, 당근, 고추 등), 삼적(육류, 두부, 어류)

⑥ 과일(대추, 밤, 곶감, 배, 사과, 밀감 등)

⑦ 주류(막걸리 또는 정종)

⑧ 기타(1회용 접시, 종이컵, 젓가락, 돗자리, 위생팩, 위생장갑, 칼, 창호지 등)

2) 시산제 개회식

① 개회(開會)

사회자: 지금부터 시산제(산신제) 개회식을 시작하겠습니다. 먼저 '국민의례'가 있겠습니다. 모두 국기를 향해 서 주시기 바랍니다.

② 국기에 대한 경례

사회자: 국기에 대하여 경례. "나는 자랑스러운 태극기 앞에 자유롭고 정의로운 대한민국의 무궁한 영광을 위하여 충성을 다할 것을 굳게 다짐합니다.[2)]

사회자: 바로.

③ 애국가 제창(愛國歌 齊唱)

사회자: 애국가는 주악에 맞춰 1절만 부르겠습니다. (휴대폰에 주악을 녹음해서 틀어주면 됨)

④ 묵념(默念)

사회자: 다음은 '순국선열 및 먼저 가신 산악인에 대한 묵념'이 있겠습니다. 일동 묵념. 바로.

---

2) 2007년 7월 27일 수정.

⑤ 산악인 선서(山嶽人 宣誓)

사회자: 다음은 산악인 선서가 있겠습니다. 선서는 총무이신 ○○○님께서 해 주시겠습니다.

총무: 산악인은 무궁한 세계를 탐색한다. 목적지에 이르기까지 정열과 협동으로 온갖 고난을 극복할 뿐 언제나 절망도 포기도 없다. 산악인은 대자연에 동화되어야 한다. 아무런 속임도 꾸밈도 없이 다만 자유, 평화, 사랑의 참 세계를 향한 행진이 있을 따름이다.[3]

⑥ 참석자 소개(參席者 紹介)

사회자: 다음은 주요 참석자를 소개하겠습니다. 회장, 등산대장, 총무 등 임원을 소개합니다.

⑦ 산악회 회장(山岳會 會長) 인사

사회자: 다음은 ○○산악회를 1년 동안 이끌어 주실 ○○○회장님의 인사말씀이 있겠습니다.

⑧ 폐회(閉會)

사회자: 이상으로 개회식을 마치고 다음은 시산제(산신제)를 지내겠습니다.

3) 시산제 순서

① 분향강신(焚香降神)

사회자: 지금부터 무술년(2018년) ○월 ○일 ○○산악회 시산제(산신제)를 거행하겠

---

3) 노산 이은상 지음.

습니다. 먼저 강신(降神)이 있겠습니다. 모두 엄숙한 마음으로 시산제(산신제)에 임해주시기 바랍니다. 초혼관(산악회 회장)께서는 촛불과 향불을 피우고 분향하시기 바랍니다. 집사는 옆에서 일을 도와주시고, 초혼관께서는 잔에 술을 받아서 제상 앞의 모사기에 세 번 나누어 붓고 초혼문(招魂文)을 낭독하시기 바랍니다.

산악회 회장: (초혼문 낭독)

〈초혼문(招魂文)〉

○○산악회 회원들은 지난 한 해 동안 안전무사하게 산행할 수 있게 도와주신 산신령님께 감사드리며 올 한 해도 무사하게 산행을 하도록 보살펴 주시기를 기원하며 정성을 다하여 제물을 준비하여 정기 어린 이곳 ○○산 정상(중턱)에서 산신령님께 바치오니 인간 세상에 내려오셔서 자리하여 주시옵소서.

---

② 참신(參神)

사회자: 다음은 참신이 있겠습니다. 다 같이 세 번 절하도록 하겠습니다. 일동 3배.

③ 초헌(初獻)

사회자: 이번은 초헌 순서입니다. 초헌관이신 산악회 회장님께서 첫 잔을 올리겠습니다.

(초헌관이 제상 앞에 꿇어앉으면 집사가 초헌관에게 잔을 주고 술을 따라줍니다. 초헌관이 술잔을 향불 위에서 세 번 돌리고 집사에게 주면 집사는 잔을 받아서 제상에 올립니다.)

초헌관께서는 잔을 올리고 무릎을 굽히고 엎드리기 바랍니다.

④ 독축 낭독(讀祝 朗讀)

사회자: 이제 독축(讀祝)이 있겠습니다. 축문(祝文)은 산악회부회장님께서 낭독하시겠습니다. 참석자 모두 무릎을 굽히고 엎드리기 바랍니다. (축문 낭독이 끝나면) 모두 일어나서서 세 번 절하겠습니다. 일동 3배.

⑤ 아헌(亞獻)

사회자: 다음은 아헌 순서입니다. 아헌은 전임 산악회 회장(또는 산악회 부회장)님께서 잔을 올리겠습니다. 아헌관은 산신령님께 잔을 올리고 세 번 절하시기 바랍니다.

(아헌관이 제상 앞에 꿇어앉으면 집사가 잔을 주고 술을 따라줍니다. 잔을 향불 위에서 세 번 돌리고 집사에게 줍니다. 집사는 잔을 받아서 제상에 올립니다.)

⑥ 종헌(終獻)

사회자: 다음은 종헌 순서입니다. 종헌은 산악대장(또는 총무님)님께서 잔을 올리겠습니다. 종헌관은 산신령님께 잔을 올리고 세 번 절하시기 바랍니다.

(종헌관이 제상 앞에 꿇어앉으면 집사가 잔을 주고 술을 따라줍니다. 잔을 향불 위에서 세 번 돌리고 집사에게 줍니다. 집사는 잔을 받아서 제상에 올립니다.)

⑦ 헌작(獻酌)

사회자: 올 1년 동안 안전무사 산행을 기원하는 잔을 산신령님께 올리실 분은 앞으로 나오시어 차례대로 잔을 올려주시기 바랍니다. 더 이상 헌작하실 분이 안 계시면 시저(숟가락과 젓가락)를 내리고 산신령님께 작별을 고하는 사신을 하겠습니다. 참석자 모두 정중히 세 번 절하도록 하겠습니다. 일동 3배.

⑧ 소지(燒紙)

사회자: 다음은 소지를 하겠습니다. 산악회 회장님께서는 안전산행을 기원하면서 축문을 태워 하늘로 날려 보내시기 바랍니다. (산에서 지내므로 이때 화재예방에 힘쓸 것)

⑨ 폐회(閉會)

사회자: 이상으로 ○○산악회 무술년(2018년) 시산제(산신제)를 모두 마치겠습니다. 오늘 행사를 위해 후원 및 도움을 주신 분들과 산악회 회원 여러분께 진심으로 감사드립니다.

⑩ 음복(飮福)

사회자: 다음은 음복 순서로 제상 위의 잔의 술은 초헌관이신 산악회장님이 마시고 이제 고수레를 한 뒤 음식을 나눠 들겠습니다. (산악회 회장은 음식 일부를 제상 주위의 산에 던지며 '고수레'라고 외칩니다.) 모두 잔을 채우시고 다 같이 건배사를 하면서 올 한 해도 안녕무사 산행을 기원하겠습니다. 오늘 건배사는 전임 산악회 회장(또는 산악회 부회장)님이 하시겠습니다.

전임 산악회 회장(선창): 건강하고, 즐겁고, 안전한 산행을 위하여!

산악회 회원 모두(후창): ○○산악회! 아자!

※ 절은 대상(對象)에 따라서 다음과 같이 구분합니다.

① 살아 있는 사람에게는 한 번 절합니다.

② 망자(亡者: 죽은 사람)와 일반신에게는 두 번 절합니다.

③ 시산제(산신령)와 풍어제(용왕신)의 경우에는 세 번 절합니다.

2. 산악회 시산제(산신제) 한글 축문 1, 2

세월은 흘러 사천삼백오십일년(2018년 또는 무술년) ○월 ○일 ○시에 저희 ○○산악회회장 ○○○과 회원 일동은 이곳 ○○산에 올라, 이 땅의 모든 산하를 굽어보시며 그 속의 모든 생육들을 지켜주시는 산신령님께 고하나이다.

자연을 배우고 그 속에서 하나가 되고자 모인 저희가 산을 오르니 저희를 어여삐 여겨 주시옵소서.

저희는 산행 하나하나마다 산을 배우고 산과 하나가 되는 기쁨으로 충만하였으며, 지난해에 아무 낙오자도 없이 안전 무탈하게 산행을 하게 허락해주신 산신령님의 자애로우신 보살핌의 은덕에 감사드리옵나이다.

아름다운 조화로 가득 찬 산과 골짜기를 걸을 때마다 조용히 저희의 발걸음을 지켜보시며 무사안전한 산행이 되도록 저희의 발걸음을 보살펴주신 산신령님께 비옵니다.

바라오니 무거운 저희의 어깨가 굳건하도록 힘을 주시고, 험한 산과 골짜기를 넘나드는 저희의 두 다리가 지치지 않도록 보호하여 주시옵소서.

천지간의 모든 생육들은 저마다 아름다운 뜻이 있다는 것을 깨달으며, 풀 한 포기 꽃 한송이 나무 한 그루도 함부로 대하지 않으며, 그 터전을 파괴하거나 더럽히지 않으며, 새 한 마리 다람쥐 한 마리와도 서로 벗하면서 미소 지으며 지나치고, 추한 것은 덮어주고 아름다운 것은 그윽한 마음으로 즐기며, 그러한 산행을 하는 사람이 되게 하여 주시옵소서.

올 한 해도 산악회원 서로가 화합과 사랑이 넘치며 무사 무탈한 산행이 되도록 하여 주시옵고, 저희의 산행 길을 굽어 살펴주시옵기를 간절히 바라옵나이다.

여기에 준비한 술과 음식은 저희의 정성이오니 즐거이 받아 거두시옵고 흠향하여 주시옵소서.

※ 축문에 연월일과 산악회 회장명과 회원에 대한 내용이 있으므로 끝부분에 연월일과 산악회 회장명을 명기할 필요는 없습니다.

세월은 흘러 20○○년 ○월 ○일에 ○
○산악회 회장○○○ 외 회원 일동은
○○산 정상(중턱)에 올라, 삼라만상을
두루 살피시는 천지신명님과 ○○산 신
령님께 엎드려 삼가 고하나이다.

산을 배우고 닮아 자연과 하나 되고자
산을 찾는 저희가 바라옵건대, 배낭을
멘 어깨가 튼튼하고 험한 산과 골짜기
를 오르내리는 두 다리가 지치지 않도
록 늘 강건한 힘을 주시옵고, 저희 ○○
산악회 가족은 물론 산을 사랑하는 모
든 이들이 안전한 산행을 할 수 있도록
보살펴 주시옵고, 가정에 행복과 건강이
깃들어 편안한 마음으로 산을 찾을 수
있도록 인도하여 주시옵소서.

또한 금년에는 저희 ○○산악회 회원
모두가 직장에서는 승진이나 영전을 하
게 하여주시고, 미혼 회원들은 좋은 배

필을 만나서 행복을 찾도록 이끌어 주
시옵소서.
오늘 이곳에서 정성을 다해 음식과 술
을 올리옵고 고하오니, 저희 모두의 뜻
을 받아 주시옵고 흠향하시옵소서.

※ 太歲(태세: 그 해의 간지) 대신에 西紀(서기)나 檀紀(단기)를 사용하기도 합니다.

※ 축문에 연월일과 산악회 회장명과 회원에 대한 내용이 있으므로 끝부분에 연월
   일과 산악회 회장명을 명기할 필요는 없습니다.

3. 산행 시 유의할 점

1) 일정이나 코스를 무리하게 잡지 말 것

1박 2일 코스를 당일치기로 간다거나, 초보자가 있는데도 숙련된 사람에게 맞추어 일정을 짠다거나, 쉬운 코스를 놓아두고 무리한 코스를 선택하는 것은 사고의 원인이 되므로 주의해야 합니다.

2) 우울한 심리 상태나 술을 마신 상태의 산행은 절대 삼갈 것

요즈음 막걸리나 맥주 등 술병을 지참하고 산행하는 사람들을 볼 수 있는데 술을 먹게 되면 감각이 떨어지고 행동이 둔화되어 매우 위험합니다. 또한 우울한 심리 상태에서 산행할 때에도 사고비율이 높게 나타나고 있으니 특히 유의하여야 합니다.

3) 암벽타기 등 난코스 선택 시 기본 장비를 철저히 구비할 것

일반인들 가운데도 암벽타기를 즐기는 사람들이 점차 늘어나는 추세인데, 이런 경우에는 헬멧, 안전모, 안전벨트, 휴대폰 등 기본 장비를 철저히 갖춰야 합니다.

4) 산의 기온은 평지보다 낮으니 항상 추위에 대비할 것

산에서 바람이 불면 평지와 10도 이상의 차이가 납니다. 사람은 평균 체온 36.5도에서 1~2도만 떨어져도 몸이 떨리기 시작하므로 항상 두꺼운 옷을 준비해야 하며, 사고에 대비해 휴대전화는 완전히 충전해서 꼭 곁에 지참하여야 합니다.

5) 기상변화 및 위급상황 대비를 철저히 할 것

여름철 산행의 가장 큰 복병은 갑작스런 기상변화입니다. 폭우 등 악천후 시 계곡에서의 조난 사고가 많은 것은 야영객들이 산행 준비 및 안전 대피를 소홀히 했기 때문입니다. 산행을 떠날 때에는 산행 경험이 많은 사람과 동행하는 것이 좋으며, 만일의 사태에 대비해 등산지도, 나침반, 비옷, 손전등, 로프 등 최소한의 장비와 초콜릿, 미숫가루 등 비상식량도 함께 준비해야 합니다.

6) 가급적 허가된 야영장을 이용하고, 많은 사람들과 함께할 것

허가된 야영장이 아니면 되도록 계곡물에서 떨어진 지역의 평탄한 양지를 골라야 합니다. 물가나 넓은 바위 위는 위험합니다.

야영 도중 비가 오면 주변을 관찰하고, 이상한 조짐이 보이면 즉시 안전지대로 철수해야 합니다. 긴급철수 때에는 장비를 챙기려 하지 말고 비상식량만 챙겨서 신속하게 대피해야 합니다.

폭우로 물이 크게 불어난 계곡을 만나면 건너지 말고 산비탈이나 능선을 타고 올라가는 것이 좋으며, 사정이 급박해서 계곡을 건널 때에는 반드시 로프를 이용해야 합니다.

7) 일사병과 열사병에도 대비할 것

여름철에 높은 산에서 2~3일간 뙤약볕 아래 종주산행을 하게 되면 일사병과 열사병에 걸리기 쉽습니다. 일사병은 강한 직사광선에 장시간 노출되면서 땀으로 체온을 방출하지 못해 일어나는 병이고, 열사병은 바람이 없는 고온다습한 지역을 장시간 걸을 때 발생하는 병입니다.

일사병에 걸리면 체온이 40도 정도까지 올라가고 맥박이 빨라지며 피부가 건조해지고 얼굴이 붉어집니다. 두통, 구토, 현기증, 권태감 등이 나타나며 심하면 의식을 잃게 됩니다. 통풍이 잘 되는 그늘진 곳에서 옷을 벗기고 물을 끼얹어 체온을 떨어뜨려 줘야 합니다.

열사병은 수분만 섭취하므로 염분 결핍의 탈수증상을 나타냅니다. 두통, 구토, 현기증이 나타나고 온몸이 무기력해지며 식은땀을 자주 흘리는 것은 일사병과 같으나 체온이 떨어지는 점이 다릅니다. 염분결핍으로 인한 탈수 증세이므로 물만 주게 되면 오히려 악화됩니다. 머리를 낮추고 발을 높인 후 0.1% 정도의 식염수를 15~20분 간격으로 투여합니다.

상량문 쓰는 방법

상량식은 주택의 건축과정에서 골조와 기둥을 세우고 보를 얹은 다음 상량대(마룻대)를 올릴 때에 베푸는 제전(祭典)으로 상량문을 상량대에 쓰게 뇌는데 상량대는 건물의 중심이며 가장 중요한 부분이므로 재목도 튼튼하고 좋은 것을 사용합니다.

상량대를 올릴 때는 시루떡, 돼지머리, 북어, 술, 백지 등을 마련하여 새로 짓는 건물에 재난이 없도록 지신(地神)과 택신(宅神)에게 제사 지내고, 상량문을 써서 올려놓은 다음 모여서 축연(祝宴)을 베풉니다.

상량문은 한지에 붓글씨로 쓰기도 하고, 상량대에 직접 쓰기도 하며, 큰 건물일 경우는 대들보에 구멍을 뚫고 붉은 비단에 쓴 상량문을 말아서 넣는 경우도 있습니다.

〈상량문의 형식〉

재액방지문자	상량 연 월 일(시)	기원문(축원문)	재액방지문자

기원문은 應天上之三光(응천상지삼광), 備人間之五福(비인간지오복)이라고 씁니다. 그러나 건축물의 용도에 따라서 사찰은 불경의 구절을 쓰기도 하고, 성당이나 교회 건물은 성경 구절을 쓰는 경우도 있으며, 건축물의 용도에 따라서 다양하게 기원문을 쓸 수도 있습니다.

1. 상량문의 의미

1) 재액방지문자의 의미

- 재액방지문자 용과 거북은 수신으로 '화재를 예방해준다'는 속신(俗神)에서 유래하였습니다.
- 재액방지문자 龍(용) 자를 거꾸로 쓰는 이유는 마지막 글자인 龜(구) 자와 마주보게 하기 위해서입니다.
- 기원문자 應天上之三光(응천상지삼광)은 '하늘 위에 있는 햇빛, 달빛, 별빛의 상서로운 정기(精氣)가 그 집 위에 비추어 주소서'라는 의미이고, 備人間之五福(비인간지오복)은 '인간이 누리는 오복(五福)을 이 집에 비치해주소서'라는 의미입니다. 그런데 일부 상량문에는 三光(삼광)을 五光(오광)이라고 표기하는 것을 볼 수 있는데 이는 잘못된 표기입니다.
- 三光(삼광)은 다음과 같은 빛의 기운을 의미합니다.
    ① 日光(일광: 햇빛)의 상서로운 기운
    ② 月光(월광: 달빛)의 상서로운 기운
    ③ 星光(성광: 별빛)의 상서로운 기운
- 오복(五福)은 다섯 가지 복을 의미하는데 오복이 문헌상에 나타난 것은 『서경』의 「홍범」입니다.
    ① 壽(수): 오래 사는 것
    ② 富(부): 부유하고 풍족하게 사는 것
    ③ 康寧(강령): 일생 동안 건강하게 사는 것
    ④ 攸好德(유호덕): 이웃이나 다른 사람을 위하여 보람 있는 봉사를 하면서 사는 것
    ⑤ 考終命(고종명): 죽음을 깨끗이 맞이하는 것(객지가 아닌 자기 집에서 편안히 생을 마감하는 것)

※ 속설에 사람의 이(齒)가 튼튼한 것이 오복의 하나라고 말하는 것은 이가 좋아야 건강할 수 있다는 의미로 강령(康寧)을 빗대어서 하는 말입니다.

- 집터를 고를 때: 집터는 동쪽이 높고 서쪽이 낮으면 생기가 있고, 서쪽이 높고 동쪽이 낮으면 부자는 되지만 대단하지는 못하며, 앞이 높고 뒤가 낮으면 집안에 좋지 못한 일이 많고, 뒤가 높고 앞이 낮아 시야가 트였으면 재산이 늘어나고 좋은 자식을 두게 된다고 합니다.

2. 상량문

1) 단군기원(檀君紀元) 사용 상량문

재액방지문자	상량 연월일	기원문(축원문)	재액방지문자
용	단기 사천삼백오십년 음 삼월팔일 입주상량	응천상지삼광 비인간지오복	구

龍　檀紀四千三百五十年陰三月八日立柱上樑　應天上之三光 備人間之五福　龜

2) 태세(太歲, 그 해의 간지) 사용 상량문

재액방지문자	상량 연월일	기원문(축원문)	재액방지문자
용	정유년 음 유월십오일 입주상량	응천상지삼광 비인간지오복	구

龍　丁酉年陰六月十五日立柱上樑　應天上之三光 備人間之五福　龜

3) 서기(西紀) 사용 상량문

재액방지문자	상량 연월일	기원문(축원문)	재액방지문자
용	이천십칠년 양 사월구일 입주상량	응천상지삼광 비인간지오복	구

龍　二千十七年陽四月九日立柱上樑　應天上之三光 備人間之五福　龜

4) 기타(其他) 상량문

○ 경기 남양주시 오남읍 팔현리

재액방지문자	상량 연월일시	기원문(축원문)	재액방지문자
구산	세재을묘 정월이십칠일사시 입주상량	응천상지삼광자손창성 비인간지오복부귀번영	해룡

龜山　歲在乙卯正月貳拾七日巳時立柱上樑　應天上之三光子孫昌盛　備人間之五福富貴繁榮　海龍

- 어떤 상량문은 三光(삼광)을 五光(오광)이라고 표기하는 것을 볼 수 있는데 이는 잘못된 표기입니다.

3. 상량식 제상 차리기

① 상량식 제상에는 돼지머리, 시루떡, 북어, 실타래를 올립니다.

② 상량식 제상에는 과일(대추, 밤, 곶감, 배, 사과), 삼색나물(도라지, 고사리, 시금치), 전(육류, 파, 호박, 당근 등), 삼적(육류, 두부류, 어류) 등도 올립니다.

1) 북어를 매다는 이유

북어는 밤에도 항상 눈을 크게 뜨고 잡귀(雜鬼)나 액운(厄運)이 들어오지 못하게 잘 감시하라는 의미이고, 실타래로 묶는 것은 실처럼 끊어지지 않고 오래도록 행운(幸運)과 안전무탈(安全無頃)이 지속되기를 기원하는 뜻이 있습니다.

2) 돼지머리를 상량식 제상에 올리는 이유

① 돼지는 새끼를 많이 낳는 다산다복(多産多福)한 동물이며, 복의 상징입니다. 돼지 꿈을 꾸고 나면 복권을 사는 경우처럼 돼지 꿈을 꾸면 부자가 된다고 믿으며 상량식의 제상이나 고사상에 돼지머리를 올리면 복이 올 것이라 여기고 올리게 되었다고 합니다.

② 윷놀이에서 '도'는 첫 번째로 시작을 의미합니다. 돼지는 새로운 시작을 의미하므로 첫걸음이 잘되게 해달라는 뜻으로 돼지머리를 올리게 되었다는 설이 있습니다.
참고로 도는 돼지(豚, 돈), 개는 개(犬, 견), 걸은 양(羊, 양), 윷은 소(牛, 우), 모는 말(馬, 마)을 의미합니다.

③ '돼지 돈(豚)' 자는 화폐를 말하는 '돈'과 같은 한자로 앞으로 새로 시작하는 일에 대해 '돈'이 많이 모이길 바라며 돼지머리를 올리게 되었다고 합니다.

④ 사람이 가장 먼저 집 안에서 기르게 된 동물이 돼지라고 하는데 돼지 돈(豚) 자는 집을 나타내는 집 가(家) 자 안에 돼지를 나타내는 글자인 돼지 시(豕) 자가 들어 있습니다. 그만큼 사람과 가깝게 지내는 동물이어서 상량식의 제상이나 고사상에 돼지머리를 올렸다고 합니다.

⑤ 돼지를 의미하는 '도야지'는 '사업이 잘돼야지', '사업 잘돼지'라는 '돼야지', '되지' 어감과 비슷해서 잘될 것 같은 믿음을 준다고 합니다. 그래서 상량식이나 개업식에서 '돼야지'라는 말처럼 실현되기를 바라는 마음에서 돼지머리를 올리게 되었다는 설도 있습니다.

4. 주택 상량식 축문

維유

歲次干支○月干支朔○日干支宅主○○○敢昭告于
(세차간지 ○월간지삭 ○일간지 택주 ○○○ 감소고우)

顯天神土地神○面○里○番地新丹粧開門安全無士氣充電願客門前成市
(현천신 토지신 ○면 ○리 ○번지 신단장개문 안전무사 기충전 원객문전성시)

若時昭事敢油佛欽謹以酒果用伸庶將誠意維神監亭虔告謹告 尙
(약시소사 감유불흠 근이주과용신 서장성의 유신감형건고 근고 상)

饗향

※ 新丹粧開門(신단장개문): 새로 단장을 하고 문을 열다.

※ 安全無(안전무): 안전무탈하게 하다.

※ 若時昭事(약시소사): 이에 때를 맞추어 환히 밝히다.

※ 敢油佛欽(감유불흠): 감히 받들어 공경하다.

※ 酒果用伸(주과용신): 술과 과일을 갖추어서 올리다.

※ 庶將誠意(서장성의): 여러 사람의 성의를 갖추다.

※ 維神監亨(유신감형): 신께서 보살피기를 바라며 제사를 올리다.

※ 虔告謹告(건고근고): 정성 들이고 삼가 고하다.

5. 주택 상량식 한자 축문 해설

세월은 흘러서 ○○년 ○월 ○일에 집주인 ○○○는 (은)

삼가 밝혀 고하나이다 .

○면 ○리 ○번지에 주택을 새로 단장하고 문을 열었으니 안전무탈하게

하여 주시고 이 집에 많은 손님이 문전성시를 이루게 하여 주시옵소서 .

이에 때를 맞추어 환히 밝히며 감히 여러 사람의 성의를 갖추어서

술과 과일을 마련하여 올리오니 천신과 토지신께 보살펴 주시옵기를

기원하며 정성껏 삼가 고하고 제사를 올리오니

흠향하시옵소서 .

6. 주택 상량식 한글 축문

세월은 흘러서 ○○년 ○월 ○일 좋은 날을 선택하여, 집주인 ○○○는(은) 삼가 고하나이다.

○도 ○시 ○면 ○리 ○번지에 새로 신축하는 주택 건설 현장에서 천신, 지신, 수신께 상량의 기쁨을 고하고자 하나이다.

우리 정성이 하늘에 닿거들랑 공사 중 청명하게 하여 주시고, 우리 정성이 땅에 닿거들랑 남은 공사 무재해 되게 하여 주시고, 우리의 정성이 물에 닿거들랑 본 건물의 초석이 될 튼튼한 상량이 되게 하여 주시옵소서.

아무쪼록 어린 중생의 뜻 갸륵히 여기시어 안전하고 튼튼한 좋은 주택에서 가족 모두가 사랑과 행복이 가득한 생활을 영위할 수 있기를 기원하며 맑은 술과 음식을 올리오니 삼가 흠향하여 주시옵소서.

※ 주택의 신축이 아니고 개축, 증축, 확장이면 신축 부분을 다양하게 바꾸어서 사용할 수 있습니다.

※ 축문에 연월일과 집주인명에 대한 내용이 있으므로 끝부분에 연월일과 집주인명을 명기할 필요는 없습니다.

7. 회사건물 상량식(會社建物 上梁式) 한글 축문

세월은 흘러서 ○○년 ○월 ○일에 ○
○회사대표 ○○○와 참례자 일동은
만물을 두루 굽어 살피시는 천신과 지
신과 수신께 고하나이다.

오늘 새로 회사 건물을 신축(증축)함
에 있어 맑은 술과 과포를 정성껏 마
련하여 하늘신과 땅신과 수신께 올리
오니 공정이 사고 없이 완성될 수 있
도록 보살펴 주시옵고, 여러 사람의
땀 맺힌 정성으로 이루어진 ○○회사
의 발전과 번영을 뜻 모아 기원하오니
큰 결실이 있도록 보우하여 주시고 삼
가 흠향하시옵소서.

※ 회사 건물의 신축이 아니고 개축, 증축, 확장 등이면 신축 부분을 다양하게 바꾸어서 사용할 수 있습니다.

※ 축문에 연월일과 회사대표와 참례자에 대한 내용이 있으므로 끝부분에 연월일과 회사 대표를 명기할 필요가 없습니다.

8. 아파트 상량식 한글 축문

세월은 흘러 2018(또는 무술)년 ○월 ○일 좋은 시를 택하여, 서울시 ○○구 ○○동 소재 ○○아파트 건설 현장에서 조합장 ○○○는 여러 입주 예정자들과 함께 자리하여 천신, 지신, 수신께 상량의 기쁨을 고하고자 하나이다.

우리의 정성이 하늘에 닿거들랑 공사 중 청명하게 하여 주시고, 우리의 정성이 땅에 닿거들랑 남은 공사 무재해 되게 하여 주시고, 우리의 정성이 물에 닿거들랑 본 건물의 초석이 될 튼튼한 상량이 되게 하여 주시옵소서.

아무쪼록 어린 중생의 뜻 어여삐 여기시어 안전하고 품질 좋은 아파트에서 사랑과 행복이 가득한 생활을 영위할 수 있기를 기원하며 맑은 술과 음식을 올리오니 삼가 흠향하여 주시옵소서.

※ 상량식(上樑式)

상량식은 건물의 골재가 거의 완성된 단계에서 대들보 위에 대공을 세운 후에 최
상부 부재인 마룻대(상량대)를 올리고 거기에 공사와 관련된 기록과 축원문이 적
힌 상량문을 봉안하는 의식입니다. 본래 목조건축물에서만 실시하던 의식이었지
만 오늘날은 건물을 신축하는 과정에서 철골 공사의 마지막 부재를 올리는 의식
을 거행하는 곳에서도 사용되고 있습니다.

건물주, 목수 등 건설현장 인부들과 함께 새로 지어지는 건물에 재난이나 악운이
끼치지 않도록 천신(天神)과 지신(地神)과 수신(水神)에게 기원하는 의식이 상량식입
니다.

※ 축문에 연월일, 조합장명 그리고 입주 예정자에 대한 내용이 있으므로 끝부분에
연월일과 조합장명을 명기할 필요는 없습니다.

9. 주택 상량식

① 진설(陳設): 상량식 시작 20~30분 전에 상차림을 완료합니다.

② 진설상(陳設床): 돼지머리, 시루떡, 북어, 실타래 등을 함께 올립니다.

③ 분향(焚香): 향불을 피웁니다.

④ 강신(降神): 집주인은 향불을 피우고 신위께서 강림하시기를 청하며, 집사가 준 잔의 술을 받아서 향불 위에서 세 번 돌리고 제상 앞에 있는 모사기에 세 번 나누어 붓고 두 번 절합니다.

⑤ 초헌(初獻, 첫째 잔): 초헌관(집주인)이 제상에 꿇어앉으면 집사가 잔을 초헌관에게 주고 술을 따라줍니다. 초헌관은 술잔을 향불 위에서 세 번 돌리고 집사에게 줍니다. 집사는 잔을 받아서 상 위에 올리고 무릎을 구부려 엎드립니다.

⑥ 축문 낭독(祝文 朗讀): 상량식에 참석한 사람들이 무릎을 구부려 엎드린 다음에 상량식 축문을 읽습니다. 축문 낭독이 끝나면 상량식에 참석한 사람 모두가 두 번 절합니다.

⑦ 아헌(亞獻, 둘째 잔): 아헌관(초헌관 다음 순위에 해당하는 사람)이 제상에 꿇어앉으면 집사가 잔을 주고 술을 따라줍니다. 아헌관은 술잔을 향불 위에서 세 번 돌리고 집사에게 줍니다. 집사는 잔을 받아서 상 위에 올립니다. 아헌관은 두 번 절합니다.

⑧ 종헌(終獻, 셋째 잔): 종헌관(아헌관 다음 순위에 해당하는 사람)이 제상에 꿇어앉으면 집사가 잔을 주고 술을 따라줍니다. 종헌관은 술잔을 향불 위에서 세 번 돌리고 집사에게 줍니다. 집사는 잔을 받아서 상 위에 올립니다. 종헌관은 두 번 절합니다.

⑨ 초헌관(初獻官)은 막걸리를 잔에 따라서 집 네 귀퉁이에 조금씩 붓습니다.

⑩ 음복(飮福): 제상에 올린 술잔은 초헌관이 마시고, 음식은 참석한 분들과 나누어 먹습니다.

10. 주택 상량대(마룻대) 올리기

① 상량문이 적힌 상량대(마룻대)를 광목천으로 묶어서 만들어 놓은 그네에 집주인을 앉힙니다.

② 집주인은 도편수에게 먼저 말을 건네고 봉투를 내밉니다.

③ 도편수는 봉투를 보는 척하고 그네의 한쪽 줄에 매답니다.

④ 그네를 밉니다(그네를 미는 것은 봉투에 돈을 더 넣으라는 신호입니다).

⑤ 그네를 붙들고 "청룡(靑龍), 백호(白虎), 주작(朱雀), 현무(玄武)가 마음에 들지 않소? 이렇게 좋은 집터를 갖게 되었는데 누구의 덕이란 말이오?" 등 여러 덕담을 하면서 그네를 7~8번 밉니다.

⑥ 받은 봉투는 모두 그네 줄에 묶습니다. 봉투는 짝수로 하여 그네의 양쪽 줄에 동수로 묶습니다.

⑦ "덕(德) 있는 주인이니 오복(五福)을 누리시오"라고 도편수가 말을 하고, 내려오라고 할 때에 내려옵니다.

⑧ 상량대는 그네를 매었던 광목천 줄로 감아서 설치하려는 곳까지 끌어올리는데 이 때에 "상량이요. 상량이요. 상량이요" 하고 세 번 외치며 올립니다.

⑨ 상량대를 제 위치에 올려서 설치하고 상량식을 마칩니다.

11. 아파트 상량식 진행 요령

1) 진설(陳設)

- 행사 20~30분 전에 상차림을 완료합니다.

2) 도열(堵列)

- 제단을 중심으로 4~5m 뒤에 도열합니다.
- 발주처 직원(아파트 조합장)은 앞 열에 섭니다.
- 시공사 직원, 협력업체 직원, 현장 근로자 등 현장 관련자는 모두 보호구를 착용합니다.
- 의자 준비: 내외 귀빈이 앉을 수 있는 의자를 제단 우측에 준비합니다(꽃사지, 흰장갑 준비).
- 사회자: 제단의 좌측에 위치합니다(마이크 설치).

3) 인사말

- 1분 정도로 조합장은 상량의 의미를 함축성 있게 말합니다.
- 사회자: 현재까지 공정을 간략히 소개합니다.
- VIP 축사: 축사를 합니다.

4) 강신(降神)

- 신위께서 강림(降臨)하시기를 청하는 의식입니다.

- 초헌관(조합장)이 향불을 점화하고 술을 받아 향불위에서 세 번 돌리고, 제상 앞의 모사기에 3번 나누어 붓고 빈잔을 집사에게 주면 집사는 상 위에 올리고, 두 번 절합니다.

5) 초헌(初獻)

- 초헌관(조합장)이 꿇어앉으면 집사가 잔을 초헌관에게 주고 술을 따라줍니다. 초헌관은 잔을 향불 위에서 세 번 돌리고 집사에게 줍니다. 집사는 잔을 받아서 상 위에 올립니다.

6) 축문 낭독(祝文朗讀)

- 제례에 참석한 모든 사람들이 무릎을 구부려 엎드린 다음, 시공사 대표가 상량식 축문을 읽습니다.
- 축문 낭독이 끝나면 참석자 모두 두 번 절합니다.

7) 아헌(亞獻)

- 둘째 잔을 올리는 순서입니다.
- 아헌관(조합 임원)은 잔을 받아 향불 위에서 세 번 돌리고 잔을 제상에 올린 후에 두 번 절합니다.

8) 헌작(獻爵)

- 조합 임원(발주처 임원), 감리 직원, 시공사 직원, 내외 귀빈 중에서 잔을 올리기를 희망하는 사람들은 잔을 받아 향불 위에서 세 번 돌리고 제상에 잔을 올린 후에

두 번 절합니다.

9) 종헌(終獻)

- 마지막 잔을 올리는 순서입니다.
- 종헌관(안전관리자)은 잔을 받아 향불 위에서 세 번 돌리고 잔을 제상에 올리고 두 번 절합니다.

10) 상량대 올리기(안전기원제와 병행함)

- 상량축원 글귀를 기록한 상량대(마룻대)에 동판을 삽입하여 광목과 오색 띠로 묶어 타워 크레인 등을 이용하여 달아 올립니다(무전기로 타워 기사와 신호함).
- 광목으로 매듭을 만들고, 그 사이에 제단에 놓인 돈의 일부 금액과 북어를 끼워 같이 올립니다(돈은 타워 기사 또는 상량판을 최종 설치하는 작업자가 가지고 북어는 상량대에 묶어둠).
- 아파트 조합장, 현장 소장, 내외 귀빈 등이 상량대를 묶은 광목을 사방에서 당깁니다(상량식에 참석한 사람들은 박수와 환호를 합니다).
- 축포와 오색 색종이를 늘어뜨립니다.

11) 음복(飮福)

- 제상에 올린 잔의 술은 초헌관이 마시고, 음식은 참석한 사람들과 나눠먹습니다.

XII

개업식 고사 및 풍어제와
성황제(당산제)

1. 개업식 고사

상공인들이 사업장(회사, 가게, 식당, 카페 등)을 열거나 이전 또는 중요한 일을 앞두고 고사를 지내는 풍습이 우리 문화 깊숙이 자리 잡고 있습니다. 개업식 고사는 천지신과 건물신께 액운을 피하고 복을 기원하는 의식으로 민간신앙을 바탕으로 계승 발전해 온 것으로 미신적인 행위가 아니라 개업주가 마음을 위안받고자 행하는 전통의식입니다.

요즈음 같은 과학 시대에도 개업할 때에 개업주가 고사를 지내는 것은 불안한 마음을 달래고 앞으로 모든 것이 잘될 것이라는 믿음을 받고 싶기 때문입니다. 또한, 고사를 지내면서 개업 사실을 이웃에게 알리고, 음식을 나눠 먹으면서 이웃과 화목을 도모할 수 있는 효과도 있어서 고사는 필요합니다.

1) 고사 준비물

① 지방 : 顯天地神建物神 神位(현천지신건물신 신위)

② 반(밥)과 갱(국), 돼지머리, 시루떡, 통북어 1마리, 흰실 1타래

※ 시루떡은 붉은 팥시루떡을 사용하며 고사를 마칠 때까지 칼을 대지 않고, 통시루째 제상에 올리며, 떡 위에는 타래실을 감은 통북어를 올려놓습니다. 고사가 끝난 후에 통북어를 타래실로 묶어서 머리가 사업장(가게) 출입문 쪽을 향하게 매달아 놓습니다.

③ 전(파산적, 고추, 두부, 동태 등), 적(조기)

④ 삼색 나물(도라지, 고사리, 시금치)과 침채 등

⑤ 과일(대추, 밤, 감, 배, 사과 등)

⑥ 주류(막걸리)

⑦ 향로, 향, 촛대 2개, 양초 2자루

⑧ 술잔, 숟가락, 젓가락 등

2) 고사 진행 순서

① 진행자(進行者)

큰소리로 '봉주취위(奉主就位)'라고 외치며 개업식의 고사 시작을 알립니다.

진행자는 관세대(물 담은 대야)에서 손을 씻은 후 개업식 고사 참관인들에게 예를 드리고 나서 제상에 신위를 올리고 촛대에 촛불을 밝힙니다.

② 분향강신(焚香降神)

초혼자(招魂者:개업자)가 향합에서 향을 세 번 집어서(삼상향) 향로에서 향불을 피워 올려 천지신과 건물신을 부르는 의식(강신)을 행합니다.

집사가 초혼자에게 잔을 주고 술을 조금 따라서 주면 초혼자는 향불 위에서 세 번 돌린 후에 오른손으로 술잔을 들어 술을 모사기에 조금씩 나누어 세 번에 걸쳐 붓고 빈잔을 집사에게 줍니다. 집사는 빈 잔을 제상에 올립니다. (향불을 피우는 것은 천지신을 부르는 의식이고, 모사기에 술을 붓는 것은 건물신을 부르는 의식입니다.)

초혼자는 두 번 절합니다.

③ 참신(參神)

천지신과 건물신이 강림하셨으므로 다 같이 절하는 순서입니다.

초혼자(개업자)가 분향강신을 마친 후에 초혼자 이하 모든 참사자가 두 번 절합니다.

④ 초헌(初獻)

첫 번째 술잔을 올리는 순서로, 초헌자가 꿇어앉으면, 집사가 잔을 주고 술을 따라줍니다. 초헌자는 술잔을 향불 위에서 세 번 돌리고, 머리 높이로 올려서 집사에게 줍니다. 집사는 술잔을 받아 신위 전에 올립니다. 초헌자는 무릎을 구부려 엎드립니다.

⑤ 독축(讀祝)

독축자는 축문을 낭독한 뒤 축문을 신위 전에 올려놓습니다. 그리고 조헌자 이하 참사자 모두 두 번 절합니다.

⑥ 아헌(亞獻)

둘째 술잔을 올리는 순서로, 아헌자(배우자 또는 동업자)가 꿇어앉으면 집사는 아헌자에게 잔을 주고 술을 따라줍니다. 아헌자는 술잔을 향불 위에서 세 번 돌리고 머리 높이로 올려서 집사에게 줍니다. 집사는 술잔을 받아 신위 전에 올립니다. 아헌자는 두 번 절합니다.

⑦ 종헌(終獻)

셋째 술잔을 올리는 순서로, 종헌자(개업주와 관련자)가 꿇어앉으면 집사는 종헌자에게 잔을 주고 술을 따라줍니다. 종헌자는 술잔을 향불 위에서 세 번 돌리고 머리 높이로 올려서 집사에게 줍니다. 집사는 술잔을 받아 신위 전에 올립니다. 종헌자는 두 번 절합니다.

⑧ 헌작(獻酌)

'오늘 개업하는 사업장의 번창을 기원하는 의미에서 술잔을 올리고 싶은 분은 나오셔서 술잔을 올려주시기 바랍니다.'라고 말하면 희망하는 참사자는 술잔을 올리고 두 번 절합니다.

(진행자는 헌작하실 분이 더이상 안 계시면 숟가락과 젓가락을 내리고 천지신과 건물신께 사신을 하겠다고 알리고, 참석자 모두 두 번 절하게 하고 고사를 마칩니다.)

⑨ 망요(望燎)

마지막 순서로 신위 전의 지방과 축문을 불살라 올리는 의식입니다.

지방과 축문에 불을 붙여 하늘로 높이 올리며 연기가 오를 때에 참사자들은 박수와 함성으로 만사형통을 기원합니다.

⑩ 음복(飮福)

초헌자는 신위 전에 있는 술잔의 술을 마시고, 다른 참사자는 다른 그릇의 술을 마십니다. 그리고 제상에 있는 음식은 참사자와 이웃이 나눠 먹습니다.

3) 고사 축문

維(유)

歲次太歲○月干支朔○日干支開業主○○○敢昭告于
(세차 태세 모월 간지삭 모일 간지 개업주 감소고우)

顯天地神建物神○○洞○○番地事業繁昌顧客門前成市
(현천지신 건물신 동 번지 사업번창 고객 문전성시)

一家和平所得漸增謹以酒果用伸祇薦于神 尚
(일가화평 소득점증 근이주과용신지천우신 상)

饗(향)

※ 참고

① 천지신과 건물신은 고하는 사람(개업주)의 조상이 아니므로 성과 이름을 쓴다.

② 개업 장소의 주소는 '도로명 주소'나 '옛 주소' 중 편리한 것을 선택해서 적는다.

4) 고사 축문 해설

어느덧 해가 바뀌어 20○○년 ○월 ○
일에 개업주 ○○○는(은) 밝혀 고하
나이다.
천지신, 건물신께 비옵나니 ○○읍
(면,동) ○○리 ○○번지 사업장의 사
업이 번창하여 고객들로 문전성시를
이루게 하여 주시고, 가정이 화목하고
평온하며, 소득이 점점 늘어나 재물이
풍족해질 수 있도록 보살펴 주시옵기
를 기원하며, 술과 과일을 갖추어 삼
가 올리오니 공경하는 천지신, 건물신
께서 흠향하시옵소서.

※ 축문 용어해설

① 門前成市(문전성시): 찾아오는 사람이 많아 사업장 앞이 시장을 이루다시피 하다.

② 一家和平(일가화평): 한 집안이 화목하고 평온하다.

③ 所得漸增(소득점증): 일을 한 결과로 얻은 이익이 점점 늘어나다.

④ 酒果用伸(주과용신): 술과 과일 을 갖추어서 올리다.

⑤ 祗薦于神(지천우신): 신을 공경하고 받들다.

2. 풍어제

풍어제(豊漁祭)는 가정의 일반 제사보다 절차 면에서 한층 자유롭고 화목하고 평화스러운 축제 분위기에서 지내는 제사입니다. 풍어제는 어민들이 바다에 나가서 어로작업을 하면서 많은 고기를 잡고, 험난한 바다에서 무사히 귀항(歸港)하도록 안전을 비는 어민들의 공동 축제입니다.

우리나라 해안지방에서는 많은 풍어제가 전승되고 있는데 그 예로 동해안의 별신굿, 서해안의 배연신굿, 남해안의 별신굿 등이 있습니다.

1) 풍어제 준비물

① 지방 : 顯○海龍王 神位

　　　　⑩顯南海龍王 神位

② 반(밥)과 갱(국), 돼지머리, 시루떡, 통북어 1마리, 흰실 1타래

※ 시루떡은 붉은 팥시루떡을 사용하며 고사를 마칠 때까지 칼을 대지 않고, 통시루째 제상에 올리며, 떡 위에는 타래실을 감은 통북어를 올려놓습니다. 풍어제가 끝난 후에 통북어는 타래실로 묶어서 어선에 매달아 놓습니다.

③ 전(파산적, 고추, 두부, 동태 등)과 적(조기)

④ 삼색 나물(도라지, 고사리, 시금치)과 침채 등

⑤ 과일(대추, 밤, 감, 배, 사과 등)

⑥ 주류(막걸리)

⑦ 향로, 향, 촛대 2개, 양초 2자루

⑧ 술잔, 숟가락, 젓가락 등

2) 풍어제 진행 순서

① 진행자(進行者)

큰소리로 '봉주취위(奉主就位)'라고 외치며 풍어제의 시작을 알립니다.

진행자는 관세대(물 담은 대야)에서 손을 씻은 후 풍어제 참관인들에게 예를 드리고 나서 제상에 신위를 올리고 촛대에 촛불을 밝힙니다.

② 분향강신(焚香降神)

초혼자(招魂者:제관)가 향합에서 향을 세 번 집어서(삼상향) 향로에서 향불을 피워 올려 용왕신을 부르는 의식(강신)을 행합니다.

집사가 초혼자에게 잔을 주고 술을 조금 따라주면 초혼자는 향불 위에서 세 번 돌린 후에 오른손으로 술잔을 들어 술을 모사기에 조금씩 나누어 세 번에 걸쳐서 붓고 빈잔을 집사에게 줍니다. 집사는 빈잔을 제상에 올립니다. (향불을 피우는 것은 용왕신을 부르는 의식이고, 모사기에 술을 붓는 것은 지신을 부르는 의식입니다.)

초혼자는 세 번 절합니다.

③ 참신(參神)

용왕신이 강림하셨으므로 다 같이 절하는 순서입니다.

초혼자(제관)가 분향강신을 마친 후에 초혼자 이하 모든 참사자가 세 번 절합니다.

④ 초헌(初獻)

첫 번째 술잔을 올리는 순서로, 초헌자가 꿇어앉으면 집사가 잔을 주고 술을 따라줍니다. 초헌자는 술잔을 향불 위에서 세 번 돌리고, 머리 높이로 올려서 집사에게 줍니다. 집사는 술잔을 받아 신위 전에 올립니다.

초헌자는 무릎을 구부려 엎드립니다.

⑤ 독축(讀祝)

독축자는 축문을 낭독한 뒤 축문을 신위 전에 올려놓습니다. 그리고 초헌자 이하 참사자 모두 세 번 절합니다.

⑥ 아헌(亞獻)

둘째 술잔을 올리는 순서로, 아헌자(초헌자 다음 순서자)가 꿇어앉으면 집사는 아헌자에게 잔을 주고 술을 따라줍니다. 아헌자는 술잔을 향불 위에서 세 번 돌리고 머리 높이로 올려서 집사에게 줍니다. 집사는 술잔을 받아 신위 전에 올립니다. 아헌자는 세 번 절합니다.

⑦ 종헌(終獻)

셋째 술잔을 올리는 순서로, 종헌자(아헌자 다음 순서자)가 꿇어앉으면 집사는 종헌자에게 잔을 주고 술을 따라줍니다. 종헌자는 술잔을 향불 위에서 세 번 돌리고 머리 높이로 올려서 집사에게 줍니다. 집사는 술잔을 받아 신위 전에 올립니다. 종헌자는 세 번 절합니다.

⑧ 헌작(獻酌)

'올 1년 동안 풍어와 안전무사의 조업을 기원하는 술잔을 용왕님께 올리고 싶은 분은 나오셔서 술잔을 올려주시기 바랍니다.'라고 말하면 희망하는 참사자는 술잔을 올리고 세 번 절합니다.

(진행자는 헌작하실 분이 더이상 안 계시면 젓가락을 내리고 용왕님께 작별을 고하는 사신을 하겠다고 알리고, 참석자 모두 세 번 절하게 하고 풍어제를 마칩니다.)

⑨ 망요(望燎)

마지막 순서로 신위 전의 지방과 축문을 불살라 올리는 의식입니다.

지방과 축문에 불을 붙여 하늘로 높이 올리며 연기가 오를 때에 참사자 및 내빈은 박수와 함성으로 만사형통을 기원합니다.

⑩ 음복(飮福)

초헌자는 신위 전에 있는 술잔의 술을 마시고, 다른 참사자는 별도로 마련된 술을 마십니다. 그리고 제상에 있는 음식은 참사자와 내빈들이 나눠 먹습니다.

3) 지역주민 공동 풍어제 축문

維_유

歲次太歲○月干支朔○日干支幼學○○○敢昭告于
세차태세 모월 간지 삭 모일 간지 유학 감소고우

顯○海龍王日氣晴明雨順風調安全無事
현 모 해용왕 일기 청명 우순 풍조 안전 무사

豐漁滿船入港祝願謹以酒果脯醢祇薦于神 尚
풍어만선입항 축원 근이 주과포 해지천우신 상

饗_향

※ 참고

① 고하는 사람은 관직이 있으면 관직명을 쓰고, 없으면 幼學(유학)이라고 쓴다.

② 바다용왕은 고하는 사람의 조상이 아니므로 성과 이름을 쓴다.

③ ○海龍王은 南海龍王(東海龍王, 西海龍王) 등 지역에 맞게 쓴다.

4) 지역주민 공동 풍어제 축문 해설

어느덧 해가 바뀌어 20○○년 ○월 ○일에 ○○○ 외 지역주민은 밝혀 고하나이다.

동해(서해 또는 남해)용왕님께 비옵나니, 어로작업이 있는 날에는 날씨가 청명하고 풍랑이 일지 않게 하여 주시고, 안전무사 속에서 풍부한 어족으로 만선의 기쁨을 느낄 수 있도록 보살펴 주시옵기를 기원하며 술과 과일과 포해를 정성껏 마련하여 공경하는 용왕님께 올리옵나니 흠향하시옵소서.

※ 축문 용어해설

① 日氣晴明(일기청명): 날씨가 구름이 걷히고 맑다.

② 雨順風調(우순풍조): 비가 순하게 내리고 바람이 잔잔하게 불다.

③ 豊漁滿船(풍어만선): 물고기가 많이 잡혀서 배에 가득 싣다.

④ 酒果脯醢(주과포해): 술과 과일, 말린고기, 절임 물고기(젓갈)

⑤ 祗薦于神(지천우신): 신을 공경하고 받들다.

※ 참고

절은 대상(對象)에 따라서 다음과 같이 구분한다.

① 살아있는 사람에게는 1배(一拜) 한다.

② 망자(亡者:죽은 사람)에게는 2배(二拜) 한다.

③ 시산제(산신제)와 풍어제(용왕제)를 모시는 경우는 3배(三拜) 한다.

④ 지역에 따라서는 시산제와 풍어제도 일반 제사와 같이 2배하는 경우도 있다.

5) 어선 주가 지내는 풍어제 축문

維유

歲次太歲○月干支朔○日干支漁船○號船主○○○敢昭告于

顯○海龍王日氣晴明雨順風調安全無事豐漁滿船

入港祝願謹以酒果脯醢祇薦于神 尙

饗향

※ 참고

① 어선 이름이 태양호이고, 선주가 김철수라면 魚船太陽號 船主金哲洙라고 쓴다.

② 바다용왕은 고하는 사람의 조상이 아니므로 성과 이름을 쓴다.

어느덧 해가 바뀌어 20○○년 ○월 ○일에 어선○○호 선주○○○는(은) 밝혀 고하나이다.

동해(서해 또는 남해)용왕님께 비옵나이다. 어로작업이 있는 날에는 날씨가 청명하고 풍랑이 일지 않게 하여 주시고, 안전무사 속에서 풍부한 어족으로 만선의 기쁨을 느낄 수 있도록 보살펴 주시옵기를 기원하며, 술과 과일과 포해를 정성껏 마련하여 공경하는 용왕님께 올리옵나니 흠향하시옵소서.

※ 축문 용어해설

① 日氣晴明(일기청명): 날씨가 구름이 걷히고 맑다.

② 雨順風調(우순풍조): 비가 순하게 내리고 바람이 잔잔하게 불다.

③ 豊漁滿船(풍어만선): 물고기가 많이 잡혀서 배에 가득 싣다.

④ 酒果脯醢(주과포해): 술과 과일, 말린고기, 절임 물고기(젓갈)

⑤ 祗薦于神(지천우신): 신을 공경하고 받들다.

3. 성황제(당산제)

마을 제사인 성황제(城隍祭)는 지방마다 형태가 다른데, 마을의 안녕과 화목을 기원하며 지내는 제사로, 마을 뒤의 산 위에 있는 당나무 또는 당집 등 마을에서 신성시하는 곳에서 지냅니다.

제관(祭官)은 지난 1년 동안 가족 가운데 병자가 없고, 흠이 없이 깨끗한 삶을 살아온 사람 중에서 뽑으며, 올 한 해 동안 마을 사람들과 가축이 건강하고 농사가 잘되게 해달라는 축문을 읽고, 소지(燒紙)를 올리는 제사입니다.

제사를 마치고 마을회관에서 사람들이 모여 동회를 열어서 마을의 공동 일을 의논하고 지난 일 년 동안 사용한 마을경비를 결산합니다. 마을에 따라서는 농악을 곁들여서 축제 분위기로, 집집을 방문하여 지신밟기를 하는데 집집마다 조금씩 쌀을 내놓거나 돈을 내놓는데 이것은 마을의 공동자금으로 쓰이게 됩니다.

1) 성황제 준비물

① 지방: 顯(마을명)城隍神(堂山神) 神位

　　　　顯(마을명)守護神 神位

② 반(밥)과 갱(국), 돼지머리, 시루떡, 통북어 1마리, 흰실 1타래

※ 시루떡은 붉은 팥시루떡을 사용하며 고사를 마칠 때까지 칼을 대지 않고, 통시루째 제상에 올리며, 떡 위에는 타래실을 감은 통북어를 올려놓으며, 성황제가 끝난 후에 통북어는 타래실로 묶어서 성황당이나 당산목에 매달아 놓습니다.

③ 전(파산적, 고추, 두부, 동태 등)과 적(조기)

④ 삼색 나물(도라지, 고사리, 시금치)과 침채 등

⑤ 과일(대추, 밤, 감 또는 곶감, 배, 사과 등)

⑥ 주류(막걸리)

⑦ 향로, 향, 촛대 2개, 양초 2자루

⑧ 술잔, 숟가락, 젓가락 등

2) 성황제 진행순서

① 진행자(進行者)

'봉주취위(奉主就位)'라고 외치며 성황제(당산제)의 시작을 알립니다.

진행자는 관세대(물 담은 대야)에서 손을 씻은 후 성황제 참관인들에게 예를 드리고 나서 제상에 신위를 올리고 촛대에 촛불을 밝힙니다.

② 분향강신(焚香降神)

초혼자(招魂者:제관)가 향을 세 번 집어서(삼상향) 향로에 향불을 피워 올려 마을 성황신(당산신)을 부르는 의식을 행합니다.

집사가 초혼자에게 잔을 주고 술을 조금 따라주면 초혼자는 향불 위에서 술잔을 세 번 돌린 후에 술을 모사기에 조금씩 나누어 세 번에 걸쳐 붓고, 빈잔을 집사에게 줍니다. 집사는 빈 잔을 제상에 올립니다. (향불을 피우는 것은 천신을 부르는 의식이고, 모사기에 술을 붓는 것은 성황신을 부르는 의식입니다.)

초혼자는 두 번 절합니다.

③ 참신(參神)

마을 성황신(당산신)이 강림하셨으므로 다 같이 절하는 순서입니다.

초혼자가 분향강신을 마친 후에 초혼자 이하 모든 참사자가 두 번 절합니다.

④ 초헌(初獻)

첫 번째 술잔을 올리는 순서로, 초헌자(제관으로 뽑힌 자)가 끓어앉으면 집사가 초헌자에게 잔을 주고 술을 따라줍니다. 초헌자는 술잔을 향불 위에서 세 번 돌리고 집사에게 줍니다. 집사는 술잔을 받아 신위 전에 올립니다. 초헌자는 무릎을 구부려 엎드립니다.

⑤ 독축(讀祝)

독축자가 축문을 낭독한 뒤 축문을 신위 전에 올려놓습니다. 그리고 초헌자 이하 참사자 모두 두 번 절합니다.

⑥ 아헌(亞獻)

둘째 술잔을 올리는 순서로, 아헌자(초헌자 다음 순서자)가 꿇어앉으면 집사는 아헌자에게 잔을 주고 술을 따라줍니다. 아헌자는 술잔을 향불 위에서 세 번 돌리고 집사에게 줍니다. 집사는 술잔을 받아 신위 전에 올립니다. 아헌자는 두 번 절합니다.

⑦ 종헌(終獻)

셋째 술잔을 올리는 순서로, 종헌자(아헌자 다음 순서자)가 꿇어앉으면 집사가 종헌자에게 잔을 주고 술을 따라줍니다. 종헌자는 술잔을 향불 위에서 세 번 돌리고 집사에게 줍니다. 집사는 술잔을 받아 신위 전에 올립니다. 종헌자는 두 번 절합니다.

⑧ 헌작(獻酌)

'올 1년 동안 무재해로 농사가 풍작을 이루도록 기원하는 술잔을 성황신(당산신)께 올리실 분은 나오셔서 술잔을 올려주시기 바랍니다.'라고 말하면 희망하는 참사자는 술잔을 올리고 두 번 절합니다.

(진행자는 더이상 헌작할 분이 없다는 것이 확인되면 숟가락과 젓가락을 내리고 성황신께 작별을 고하는 사신을 하겠다고 알리고, 참석자 모두 두 번 절하게 하고 성황제를 마칩니다.)

⑨ 망요(望燎)

마지막 순서로 신위 전의 지방과 축문을 불살라 올리는 의식입니다.

지방과 축문에 불을 붙여 하늘로 높이 올리며 연기가 오를 때에 참사자는 박수와 함성으로 만사형통을 기원합니다.

⑩ 음복(飮福)

초헌자는 신위 전에 있는 술잔의 술을 마시고, 여타 참사자는 별도 마련된 술을 마십니다. 그리고 제상에 있는 음식은 모든 참사자와 같이 나눠 먹습니다.

3) 성황제 축문

유

歲세次차太태歲세○月모월干간支지朔삭○日모일干간支지幼유學학○○○敢감昭소告고于우

顯현○마○을○명城성隍황神신歲세序서遷천易역今금以이吉길辰진至지誠성祝축願원今금兹자蒼창生생

一일身신安안樂락五오穀곡登등豊풍六육畜축繁번昌창謹근以이清청酌작庶서羞수祗지薦천于우神신 尚상

饗향

※ 축문 용어해설

① 城隍神(성황신): 서낭신의 본딧말이다.

② 고하는 사람은 관직이 있으면 관직명을 쓰고, 없으면 幼學(유학)이라고 쓴다.

③ 今以吉辰(금이길진): 좋은 날 좋은 시간을 택하여

④ 今玆蒼生(금자창생): 지금의 모든 사람, 즉 전체 마을 사람

⑤ 五穀登豊(오곡등풍): 오곡(다섯 가지 곡식 즉 쌀, 보리, 콩, 조, 기장)이 풍년들다.

⑥ 六畜繁昌(육축번창): 모든 가축(육축 즉 소, 말, 돼지, 양, 닭, 개)이 번창하다.

4) 성황제 축문 해설

어느덧 해가 바뀌어 20○○년 ○월 ○일에 ○○○ 외 (마을명) 사람들은 삼가 밝혀 고하나이다.

올해의 좋은 날 좋은 시간을 택하여 ○○마을 성황신(당산신)께 지성으로 축원하오니, 마을의 모든 사람이 질병에 걸리지 않게 하여 주시고, 일신이 안락하게 하여 주시고, 오곡이 풍년들고, 모든 가축이 번창할 수 있도록 보살펴 주시옵기를 바라오며, 맑은 술과 여러 가지 음식을 정성껏 마련하여 공경하는 마을 성황신(당산신)께 올리옵나니 흠향하시옵소서.

※ 참고

① 성황신: 서낭신의 본딧말이다.

② 당산신: 서낭신의 방언이다.

③ 당산제: 호남지역과 영남지역에서 마을의 수호신인 당산신에게 마을의 풍요와 평
안 등을 기원하며 마을 사람들이 모여서 지내는 제사를 말한다.

5) 마을 수호신(솟대·장승)제 축문

維유

歲세次차太태歲세○月모월干간支지朔삭○日모일干간支지幼유學학○○○敢감昭소告고于우

顯현○○○守수護호神신歲세序서遷천易역今금以이吉길辰진至지誠성祝축願원今금玆자蒼창生생

一일身신安안樂락五오穀곡登등豊풍六육畜축繁번昌창謹근以이清청酌작庶서羞수祇지薦천于우神신 尚상

饗향

※ 참고

① '장승'의 본딧말이 '장생'이므로 장승제를 장생제(長栍祭)라고도 부른다.

② 顯○○守護神, 顯○○숫대신, 顯○○長栍神으로 바꾸어 축문을 작성할 수도 있다.

6) 마을 수호신(솟대·장승)제 축문 해설

어느덧 해가 바뀌어 20○○년 ○월 ○일에 ○○○ 외 (마을명) 사람들은 삼가 밝혀 고하나이다.

올해의 좋은 날 좋은 시간을 택하여 ○○마을수호신(솟대신, 장승신)께 지성으로 축원하오니, 마을의 모든 사람이 질병에 걸리지 않게 하여 주시고, 일신이 안락하게 하여 주시고, 오곡이 풍년 들고 모든 가축이 번창할 수 있도록 보살펴 주시옵기를 바라오며, 맑은 술과 여러 가지 음식을 정성껏 마련하여 공경하는 ○○마을수호신(솟대신, 장승신)께 올리옵나니 흠향하시옵소서.

※ 참고

① ○○마을 수호신을, ○○마을 솟대신 또는 ○○마을 장승신으로 바꾸어서 축문을
쓸 수도 있다.

② '장생'은 '장승'의 본딧말이므로 장승신 대신에 장생신(長栍神)이라고 쓰기도 한다.

XIII

연세에 따른 잔치 진행법

1. 회갑·칠순·팔순·구순의 연세 기준

조선 시대까지만 해도 회갑(우리 나이 61세)까지 생존하는 사람이 별로 많지 않았습니다. 그 까닭은 먹을 식량이 부족하여 영양분이 결핍되었고, 고된 노동과 위생상태가 불결하여 질병이 발생해도 치료할 수 있는 의료시설이 부족하여 오래 살 수가 없었습니다. 그래서 61세가 되는 생일을 회갑이라고 하여 자녀들이 성대하게 잔치를 베풀었습니다. 조선 시대에는 회갑이 되는 노인이 드물었기 때문에 회갑까지만 살아도 큰 경사로 여겨서 사람들이 회갑상에 놓였던 대추, 밤 등을 얻어다가 자손들에게 먹이면서 자손들도 장수하기를 기원하였습니다.

그리고 회갑 이후 칠순·팔순·구순이 되는 생일에도 잔치를 베풀어 장수하신 부모를 축하해 드리곤 하였습니다. 그런데 오늘날은 사람들의 수명이 길어지면서 회갑 잔치를 베푸는 사람들이 차츰 줄어들고 대신에 칠순·팔순·구순이 되는 생일에 장수를 기리는 생일잔치를 베푸는 추세로 변화해 가고 있습니다.

여기서 참고할 사항은 칠순·팔순·구순은 우리 나이(한국식 나이)로 70세·80세·90세를 말합니다. 만 나이로 70세·80세·90세가 아님을 알고 혼동하지 말아야 합니다.

1) 나이에 따른 호칭 및 생일 명칭

회갑은 우리 나이로 61세가 되는 해의 생일입니다. 회갑을 맞은 부모 중에 어느 쪽이든 부부는 한 몸이라고 생각하여 자녀들로부터 같이 헌수상(獻壽床)을 받습니다. 회갑 때면 자녀들은 산해진미(山海珍味)를 갖추어 회갑상을 마련하고 각종 과일을 괴어 올립니다. 옛날에는 회갑을 맞은 주인공은 부모가 생존해 계시면 회갑상 앞에서 먼저 부모(아들이 회갑을 맞이하는 날까지 생존해 계시는 부모)에게 장수를 기원하면서 술잔을 올리며, 부모 앞에서 색동옷을 입고 춤추면서 부모의 마음을 기쁘게 해드렸습니다.

이 절차가 끝난 뒤에 회갑을 맞은 주인공은 자녀들이 올리는 술잔을 받습니다. 자녀들은 어머니의 회갑에는 어머니 앞에 놓인 잔부터 술을 따르고, 아버지 회갑에는 아버지 앞의 술잔에 술을 따릅니다. 만일 한쪽 부모만 살아계시면 술잔은 하나만 올립니다.

다음은 회갑·칠순·팔순·구순 등에 대하여 간단하게 풀이한 정의를 알아봅니다.
우리 전통사회에서 사용하는 우리 나이(한국식 나이)를 다음과 같이 말합니다.

① 2~3세 해제(孩提): 해제지동(孩提之童)의 준말로 웃을 줄 알고 손잡고 다닐 수 있는 어린아이를 뜻합니다.

② 15세 지학(志學): 공자가 열다섯 살 때 학문에 뜻을 두었다고 한 데서 유래하였습니다.

③ 20세 약관(弱冠): 예기 곡례편(曲禮篇)에서 공자가 스무살에 관례(冠禮)를 한다고 한 데서 유래하였습니다. 즉 남자는 20세에 관례를 치르고 성인이 된다는 의미입니다.

　묘령(妙齡): 여자는 20세 안팎의 꽃다운 나이를 말하는 데서 유래하였습니다. 즉 '방년(芳年)'에 이른 나이를 뜻합니다.

④ 30세 이립(而立): 논어 위정편(爲政篇)에 공자가 '30세가 되어서 학문의 기초가 확립되었으며(而立)'에서 유래 즉 모든 기초를 세우는 나이입니다.

⑤ 40세 불혹(不惑): 논어 위정편에 공자가 40세가 되어서야 세상일에 미혹함이 없었다고 한데서 나온 말입니다.

⑥ 50세 지천명(知天命): 논어 위정편 '쉰 살에 천명을 알게 되었으며'에서 유래했습니다.

⑦ 60세 이순·육순(耳順·六旬): 논어 위정편에 예순에는 남의 말을 듣기만 하면 곧 그 이치를 깨달아 이해하게 되었고(六十而耳順)에서 유래. 육순(六旬)이란 열(旬)이 여섯(六)이란 말이고, 육십갑자(干支六甲)를 모두 누리는 마지막 나이란 의미입니다.

⑧ 61세 회갑·환갑(回甲·還甲): 천간(天干)과 지지(地支)를 합쳐서 60갑자(甲子)가 되므로 태어난 간지의 해가 다시 돌아왔음을 뜻하는 나이로 61세가 되는 생일입니다.

⑨ 62세 진갑(進甲): 62세 때의 생일로 다시 60갑자가 펼쳐져 진행한다는 의미입니다.

⑩ 66세 미수(美壽): 우리 나이로 66세를 말합니다. 66세는 모든 사회활동이 성취되어 은퇴하는 나이이면서 아직은 여력이 있으니 참으로 아름다운 나이기에 미수라 하고, 美자는 六十六을 뒤집어 쓴 자와 바로 쓴 자여서 그렇게 이름을 붙였습니다.

⑪ 70세 칠순·고희·종심(七旬·古稀·從心): 우리 나이로 70세를 말합니다. 두보(杜甫)의 곡 강(曲江) 시에 「술빚은 보통 가는 곳마다 있으니 결국 인생은 기껏 살아 본들 70세 는 옛날로부터 드뭅니다. (酒債尋常行處有하니 人生七十古來稀라.)란 싯귀 중 고(古)자와 희(稀)자만을 써서 '고희(古稀)'란 단어를 만들어 70세로 쓴 것입니다. 또한 '뜻대로 행하여도 도(道)에 어긋나지 않았다.'라고 한데서 종심이라고 하였습니다.

⑫ 71세 망팔(望八): 나이가 80세를 바라본다는 뜻으로, 일흔한 살을 이르는 말입니다.

⑬ 77세 희수(喜壽): 우리 나이로 77세를 말합니다. 오래 살아 기쁘다는 뜻입니다. 희 (喜)자를 약자로 쓰면 七十七이 되는 데서 유래되었습니다.

⑭ 80세 팔순·산수(八旬·傘壽): 우리 나이로 80세를 말합니다. 산(傘)자의 약자가 팔(八) 을 위에 쓰고 십(十)을 밑에 쓰는 것에서 유래하였습니다.

⑮ 81세 망구(望九): 나이가 90세를 바라본다는 뜻으로, 여든한 살을 이르는 말입니다.

⑯ 88세 미수(米壽): 우리 나이로 88세를 말합니다. 미(米)자를 풀면 팔십팔(八十八)이 되 는 것에서 유래하였습니다. 농부가 모를 심어 추수할 때까지 88번의 손질이 필요하 다는 데서 유래되었다는 말도 있습니다.

⑰ 90세 구순·졸수(九旬·卒壽): 우리 나이로 90세를 말합니다. 졸(卒)의 속자(俗字)가 아 홉구(九)자 밑에 열십(十)자를 사용하는 데서 유래하였습니다.

⑱ 99세 백수(白壽): 百에서 一을 빼면 99가 되고 白자가 되는 데에서 나온 말입니다.

⑲ 100세 백수·기수·상수(百壽·期壽·上壽): 우리 나이로 100세를 말합니다. 100세에 하 는 생일잔치를 백수연·기수연·상수연(百壽宴·期壽宴·上壽宴)이라고 합니다. 左傳에서는 120세를 상수로 본다고 합니다.

⑳ 120세 천수(天壽): 타고난 하늘이 정한 수명의 나이를 말합니다.

신이 인간을 세상에 내려보낼 때 120세까지 수명을 부여하였다고 합니다. 그런데 사람 의 욕심이 과하여 하늘의 이치와 자연의 섭리를 저버리고 살기 때문에 신으로부터 부 여받은 수명을 다 살지 못하고 죽는 것이라고 합니다.

나이	호칭	호칭 풀이	비고
2~3세	해제(孩提)	해제지동(孩提之童)의 준말로 웃을 줄 알고 손잡고 다닐 수 있는 어린아이	
10세	충년(沖年)	열 살 안팎의 어린 나이	
15세	지학(志學)	공자가 '15세에 학문에 뜻을 두었다.'라고 말한 것에서 유래(志學之年)하였다.	
20세	약관(弱冠) 묘령(妙齡)	남자는 20세에 관례를 치르고 성인이 된다. 여자는 20세에 꽃다운 나이, 즉 방년(芳年) 나이이다.	
30세	이립(而立)	논어 위정편(爲政篇)에서 공자가 '30세가 되어서 학문의 기초가 확립되었으며(而立)'에서 유래하였다.	
40세	불혹(不惑)	논어 위정편에서 공자가 '40세가 되어서야 세상일에 미혹함이 없었다.'라고 한데서 나온 말이다.	
50세	지천명 (知天命)	논어 위정편에서 공자가 '쉰에는 하늘의 명을 깨달아 알게 되었으며'(五十而知天命)에서 유래하였다.	
60세	이순(耳順) 육순(六旬)	논어 위정편에서 '예순에는 생각하는 것이 원만하여 어떤 일을 들으면 곧 이해가 된다.'라고 한 데서 유래	
61세	회갑(回甲) 환갑(還甲)	천간(天干)과 지지(地支)를 합쳐서 60갑자(甲子)가 되므로 태어난 해가 다시 돌아왔음을 뜻하는 나이로 61세가 되는 생일이다.	
62세	진갑(進甲)	62세 때의 생일로 다시 60갑자가 펼쳐져 진행한다는 의미이다.	
66세	미수(美壽)	사회활동이 성취되어 은퇴하는 나이이면서 아직은 여력이 있으니 참으로 아름다운 나이라는 의미이다.	
70세	칠순(七旬) 고희(古稀) 종심(從心)	고희는 당나라 시인 두보(杜甫)의 곡강시(曲江詩)에 나오는 '인생칠십고래희(人生七十古來稀)'에서 유래하였다.	
71세	망팔(望八)	나이가 80세를 바라본다는 뜻에서 유래하였다.	
77세	희수(喜壽)	오래 살아 기쁘다는 뜻이다. 희(喜)자를 약자로 쓰면 七十七이 되는데서 유래하였다.	
80세	팔순(八旬) 산수(傘壽)	산수는 산(傘)자의 약자가 팔(八)을 위에 쓰고 십(十)을 밑에 쓰는 것에서 유래하였다.	
81세	망구(望九)	나이가 90세를 바라본다는 뜻에서 유래하였다.	
88세	미수(米壽)	미수는 미(米)자를 풀면 팔십팔(八十八)이 되는 것에서 유래하였다.	
90세	구순(九旬) 졸수(卒壽)	졸수는 졸(卒)의 속자(俗字)가 아홉구(九)자 밑에 열십(十)자를 사용하는 데서 유래하였다.	
99세	백수(白壽)	百에서 一을 빼면 99가 되고 白자가 되는 데에서 나온 말이다.	
100세	백수(百壽) 기수(期壽) 상수(上壽)	100세를 말한다. 100세에 하는 생일잔치를 백수연·기수연·상수연(百壽宴·期壽宴·上壽宴)이라고 한다.	
120세	천수(天壽)	타고난 하늘이 정한 수명의 나이를 말한다	

※ 일본말에서 들여온 말로 사용할 때에 주의해야 하는 말은 다음과 같습니다.
① 66세를 뜻하는 미수(美壽), ② 77세를 뜻하는 희수(喜壽), ③ 88세를 뜻하는 미수(米壽), ④ 90세를 뜻하는 졸수(卒壽), ⑤ 99세를 뜻하는 백수(白壽)

2. 회갑연(칠순연) 진행법

1) 회갑연(칠순연) 진행순서

① 안내 말씀(시작 3분~5분 전)

안내 말씀드리겠습니다. 잠시 후에 오늘의 주인공 ○○○선생님(○○○여사님)의 회갑연(칠순연) 공식 행사를 시작하겠습니다. 내빈 여러분께서는 잠시 이 고임상(잔치상)을 주목해 주시면 감사하겠습니다.

② 주인공 입장

지금부터 오늘의 주인공 ○○○선생님(○○○여사님)의 회갑연(칠순연)을 시작하겠습니다. 주인공 입장 시에 직계가족분들도 뒤따라 같이 입장해 주시기 바랍니다. 내빈 여러분께서는 주인공과 가족들이 입장 시에 뜨거운 환영의 박수를 부탁드립니다.

③ 약력 소개

부모님께서는 고임상(잔치상) 앞에 앉으시고, 직계가족분들은 가족석으로 가셔서 앉으시기 바랍니다. 그러면 오늘의 주인공 ○○○선생님(○○○여사님)의 약력을 간단히 소개해 드리겠습니다. (동영상 자료가 있으면 동영상을 시청하는 것으로 대신한다.)

④ 가족 소개

다음은 가족을 소개해 드리겠습니다. 소개받은 분들은 일어서 주시기 바랍니다. 먼저 아드님부터 소개해 드립니다. 장남 ○○○씨와 맏며느리 ○○○씨입니다. 장남 ○○○씨는 ○○회사에서 부장으로 근무하고 계십니다. 슬하에 ○남○녀를 두고 있습니다. 다음은 둘째 아들 ○○○씨와 둘째 며느리 ○○○씨입니다. 둘째 아들 ○○○씨는 ○○시청에서 ○○과장으로 근무하고 계십니다. 슬하에 ○남○녀를 두고 있습니다.

다음은 따님들을 소개해 드립니다.

장녀 ○○○씨와 맏사위 ○○○씨입니다. 장녀 ○○○씨는 ○○초등학교에서 교사로 근무하고 계십니다. 슬하에 ○남○녀를 두고 있습니다. 다음은 둘째 딸 ○○○씨와 둘째 사위 ○○○씨입니다. 둘째 딸 ○○○씨는 ○○회사에서 회사원으로 근무하고 계십니다. 슬하에 ○남○녀를 두고 있습니다.

그리고 손자, 손녀, 외손자, 외손녀도 차례대로 소개합니다.

⑤ 장남 대표 인사

다음은 장남 ○○○씨께서 바쁘신 중에도 이렇게 참석해 주신 내빈께 감사 인사 말씀을 드리도록 하겠습니다. (장남은 마이크 앞으로 나와서 감사 인사를 한다.)

⑥ 헌주(獻酒: 술잔 올리기)

다음은 가장 하이라이트인 헌주 순서가 있겠습니다.

먼저 장남 내외가 술을 따라서 부모님께 올리고 큰절을 세 번 하시기 바랍니다.

큰절을 세 번 하는 이유는 첫 번째 절은 낳아주셔서 감사합니다.

두 번째 절은 키워주셔서 고맙습니다.

세 번째 절은 만수무강을 기원합니다.라는 의미입니다.

다음은 둘째 아들 내외가 술잔을 부모님께 올리고 큰절을 세 번 하시기 바랍니다.

다음은 장녀 내외가 술잔을 부모님께 올리고 큰절을 세 번 하시기 바랍니다.

다음은 둘째 딸 내외가 술잔을 부모님께 올리고 큰절을 세 번 하시기 바랍니다.

다음은 장조카 내외가 술잔을 올리고 큰절을 한 번 하시기 바랍니다.

다음은 둘째 조카 내외가 술잔을 올리고 큰절을 한 번 하시기 바랍니다.

다음은 친손자, 외손자들 모두 나오셔서 대표로 큰 손자가 술잔을 올리고, 손자들 모두 함께 큰절을 한 번 하겠습니다.

다음은 친손녀, 외손녀들 모두 나오셔서 대표로 큰 손녀가 술잔을 올리고, 손녀들 모두 함께 큰절을 한 번 하겠습니다.

(손자 손녀가 너무 어리면 헌주 대신 꽃다발을 드리는 것으로 한다.)

끝으로 자녀 친구분들도 술잔을 올리고 절하실 분은 나오셔서 해 주시기 바랍니다.

⑦ 케익 커팅 및 샴페인 축배

감사합니다. 이것으로 헌주 순서를 마치고 축하 케익 커팅 및 샴페인 축배로 들어가겠습니다.

이 축하 케익 위에는 ○○○선생님(○○○여사님)이 살아오신 연세에 맞게 초가 꽂혀 있습니다. 초에 불을 붙이면 소망하신 것을 마음속으로 기원하면서 주인공 내외분이 함께 촛불을 불어서 꺼주시기 바랍니다. 점멸되면 다 같이 축하의 박수를 보내주십시오. 그리고 이 자리에 모이신 모든 분은 자기 앞에 있는 잔에 술을 채우시기 바랍니다.

여러분께서는 ○○○선생님(○○○여사님)을 진심으로 사랑하시는 분들로서 제가 건배를 제의하겠습니다.

우리는 ○○○선생님(○○○여사님) 회갑연(칠순연)을 진심으로 축하드리며 앞으로 사시는 동안 복된 날로 이어지기를 기원하며 만수무강과 건강을 기원하겠습니다.

사회자(선창): 두 분의 만수무강을 위하여. 건배!

참석자(후창): 만수무강을 위하여. 건배!

⑧ 부모 업고 잔치상 돌기

　다음은 두 아들이 나오셔서 장남은 아버지를 업고, 차남은 어머니를 업고 잔치상 주위를 한 바퀴 돌겠습니다. 내빈 여러분은 우뢰와 같은 박수 부탁드립니다.

⑨ 내빈께 인사하기

　다음은 가족들 모두 앞으로 나오셔서 자리를 빛내주신 내빈들께 감사 인사를 드리는 순서입니다. 직계가족들은 모두 앞으로 나오시기 바랍니다. 가족들 차렷. 경례!

⑩ 사진 촬영

　다음은 사진 촬영이 있겠습니다. 촬영은 사진 기사의 지시에 따르시기 바랍니다.

⑪ 마무리(크로징)

　이상으로 회갑연(칠순연) 행사를 마치겠습니다. 이후에는 가족들과 내빈들이 함께 음식을 들면서 여흥을 즐기는 시간이 이어지겠습니다. 준비한 초청 이벤트 팀의 공연이 시작되겠습니다. 이벤트 팀에게 힘찬 박수 부탁드립니다. 대단히 감사합니다.

3. 애경사 부조금 서식

1) 부조금 봉투 서식(앞면)

우리는 각종 경사나 애사에 초대를 받아 방문해야 하는 경우 부조금 봉투에 어떻게 써야 할지 막막해서 난처해하는 경우가 있는 데 다음과 같이 작성하면 됩니다.

① 결혼식(結婚式)

　祝 結婚, 祝 聖婚, 祝 華婚. (축 결혼, 축 성혼, 축 화혼)

　남자의 경우 祝 結婚을, 여자의 경우 祝 華婚을 더 많이 씁니다.

② 회갑연(回甲宴: 회갑 잔치)

　祝 回甲, 祝 還甲, 祝 稀宴, 祝 壽宴. (축 회갑, 축 환갑, 축 희연, 축 수연)

　祝 壽宴은 '장수를 축하하는 잔치'라는 말이므로 옛날에는 축하할 일이지만 오늘날은 61세는 장수가 아니므로 祝 回甲을 더 많이 씁니다.

③ 칠순연(七旬宴: 칠순 잔치)

　祝 七旬, 祝 古稀, 祝 從心. (축 칠순, 축 고희, 축 종심)

④ 팔순연(八旬宴: 팔순 잔치)

　祝 八旬, 祝 傘壽. (축 팔순, 축 산수)

⑤ 구순연(九旬宴: 구순 잔치)

　祝 九旬, 祝 卒壽. (축 구순, 축 졸수)

　祝 卒壽는 일본말에서 들어온 말이며, 졸수 의미는 卒에는 마친다. 죽는다는 뜻이 있어 죽어야 할 나이, 죽기를 바란다는 의미로 들릴 수 있어서 잘 안 씁니다.

⑥ 초상(初喪: 장례)

　賻儀, 謹弔. (부의, 근조)

⑦ 기타 축하(祝賀)

祝 發展, 祝 昇進, 祝 榮轉, 祝 入選. (축 발전, 축 승진, 축 영전, 축 입선)

2) 부조금 봉투 서식(뒷면)

각종 경사와 애사에 참석하는 경우 부조금을 준비하여 참석하게 되는데 요즈음은 이사를 자주 해서 주소를 기억하는 사람들은 적은 편이고, 대부분 휴대폰으로 연락을 하므로 주소나 휴대폰 번호를 서식 뒷면에 쓰면 당사자가 참고하는 데 도움이 됩니다.

① 1안: 도로명 주소와 성명을 적습니다.

○○시(도) ○○구(동) ○○대로(로) ○○번지 ○○○ 謹呈(근정)

② 2안: 휴대폰 번호와 성명을 적습니다.

010-1234-1234 ○○○ 謹呈(근정)

③ 3안: 성명만 적습니다.

○○○ 謹呈(근정)

4. 결혼 관련 사항들

1) 월별 탄생석과 의미

월	탄생석 이름	탄생석 의미	비고
1	가넷 (우랄 에메랄드)	충실, 정조, 우애	가넷의 의미:석류의 열매
2	자수정(Amethyst)	성실, 평화, 진실	천연상태의 6각 구조로 이루어짐
3	산호(코럴)	정열, 용맹, 총명	연마상태에 따라 적산호·백산호·홍산호
4	다이아몬드(금강석)	고귀, 순수	산지:중국, 인도, 러시아, 브라질 등
5	에메랄드(비취)	애정, 매력	잔잔하고 심오한 동양적인 녹색의 돌
6	진주(Pearl)	건강, 장수, 부귀	흑진주:최고의 권위를 상징
7	루비(Ruby)	정열, 순정	다이아몬드 다음으로 강도가 강함
8	사드오닉스(Sardonyx) 또는 페리도트	부부의 애정	붉은빛과 흰빛의 줄무늬가 있음
9	사파이어(Sapphire)	청순, 덕망, 지혜	몸에 지니면 행운이 온다고 전해짐
10	오팔(Opal)	희망, 청순, 인내	일곱 가지 무지개 빛깔을 발산함
11	토파즈(Topaz)	희망, 결백, 우정	담황색이 가장 대표적인 토파즈의 색깔임
12	터키석(Turquoise)	성공, 승리	터키석:13세기 이후 전 세계적으로 통칭

2) 반지의 유래

반지는 고대 이집트 시대부터 사용되어왔습니다. 약혼할 때 반지를 보내는 풍습은 로마 시대부터 시작되었는데 영속성과 맹세의 의미가 포함되어 있습니다. 처음에는 아무런 무늬 없는 철제 반지에 서로의 이름을 새겨 나눠 가지는 것으로 시작되었고, 2세기 무렵에 금으로 만든 반지를 사용하였습니다. 금반지를 사용했던 이유는 금처럼 변하지 않는 영원한 사랑과 부귀(富貴)를 염원하는 의미에서입니다.

반지의 변천 과정을 살펴보면 초기에는 한쪽에 조그만 영쇠가 달린 반지가 15~16세기에는 육각형의 반지 또는 연인의 이름을 새긴 반지가 유행하였습니다. 17세기부터 결혼 예식 중에 반지를 왼손 약손가락에 끼는 풍습이 오늘날까지 이어지고 있습니다.

약혼반지는 원래 여성의 탄생석을 박은 금반지에 약혼날짜와 두 사람의 약자를 새겨 남성이 여성에게 보냈었습니다.

반지는 또한 여러 가지 증상에 효험이 있어서 끼운다고도 하는데, 사파이어는 눈병에, 다이아몬드는 독소에, 옥은 기력에, 루비는 마음의 평화에 좋다고 합니다.

결혼반지는 나라마다 풍습이 조금씩 다릅니다. 결혼반지는 보통 18k나 20k 또는 백금을 사용하는데 영국에서는 처음에는 14k로 만들었고, 남편의 지위나 경제력이 오르면 18k, 20k, 24k 순으로 옮겨가는 풍습이 있었습니다.

그리고 프랑스, 이탈리아, 스페인, 남아메리카 등 자연계 민족은 신랑 신부 모두 착용하였고, 영국, 미국 등 앵글로 색슨계 민족은 처음에는 신부만 착용하였다고 합니다.

3) 왼손 약손가락에 결혼반지를 끼는 이유

우리나라에서는 한 짝만 착용하는 것을 '반지'라 하고, 쌍으로 착용하는 것을 '가락지'라고 합니다. 가락지는 기혼 여성이 주로 사용하였고, 반지는 미혼, 기혼 모두 사용하고 있습니다. 반지는 한 쌍의 가락지를 남녀가 나눠 낌으로써 둘 사이의 사랑과 맹세의 불변을 약속해서 반지라고 부르게 되었습니다.

결혼반지를 왼손 약손가락에 낀 이유는 여러 가지 설이 있지만 보통 네 가지로 분류하고 있습니다.

① 우리 몸의 심장은 왼쪽에 치우쳐져 있어서 왼손 약손가락은 심장에 가장 가깝게 연결되어 있어서입니다. 심장이 몸에서 매우 중요하듯이 그만큼 결혼하게 될 사람이

소중하고 깊은 의미가 있기 때문입니다.

② 약손가락은 혼자서는 펼 수 없는 손가락입니다. 주먹을 쥔 상태에서 손가락을 펴보면 다른 손가락은 쉽게 펼칠 수 있는데 유독 약지는 혼자서 펼칠 수 없습니다. 이처럼 부부는 기쁜 일, 어려운 일이 있을 때 함께해 나가야 한다는 의미가 담겨 있기 때문입니다.

③ 왼손 약손가락에 반지를 끼는 것은 오른손이 왼손보다 활동량이 많기 때문입니다. 활동량이 많은 오른손에 반지를 끼면 반지가 쉽게 손상이 될 수 있어서 소중한 물건인 반지가 손상이 덜 가게 하기 위해서입니다.

④ 다섯 손가락 중에서 왼손 약손가락이 가장 사용횟수가 적어서 장식품으로 반지를 끼우기가 좋고 편하기 때문입니다.

※ 왼손잡이는 왼손을 많이 사용하기 때문에 왼손 약손가락에 결혼반지를 끼는 것이 불편할 수 있습니다. 결혼(약혼, 커플)반지는 매일 착용할 수 있어야 하고 가장 실용적이어야 함으로 오른손 약손가락에 끼는 것이 좋을 수도 있습니다. 그래서 요즘은 왼손잡이는 오른손 약손가락에 결혼반지를 끼는 사례가 점차 늘어나는 추세입니다.

※ 우정 반지는 오른손 약손가락에 끼고, 결혼반지(약혼, 커플)는 왼손 약손가락에 끼운다고 주장하는 사람들도 있습니다.

4) 손가락 위치에 따른 반지의 의미

① 엄지손가락(무지: 꿈 실현, 권위)

엄지에 끼는 반지는 집념과 신념을 의미합니다. 또한 자유를 의미하기도 합니다. 엄지는 자유를 뜻하는데 엄지에 반지를 끼는 건 자유를 구속받는다는 의미가 있습니다. 그러므로 엄지에 반지를 끼는 것은 강한 의지를 보여주며 다른 해석으로는 '결혼, 약혼, 연애에서 자유롭다.'라는 뜻이 있어서 '현재 나는 싱글이다.'라는 의미입니다.

왼손 엄지손가락: 꿈의 실현이라는 의미가 있고

오른손 엄지손가락: 권위와 권력을 뜻한다. 리더들이 리더쉽을 발휘하기 위해 오른손 엄지손가락에 반지를 끼웁니다.

② 집게손가락(인지: 우정, 에너지)

집게손가락은 보통 방향이나 사물을 지시하고 가리킬 때 많이 사용하며 꿈, 목표, 욕망 등을 상징합니다.

왼손 집게손가락: 친밀한 관계를 의미하고, 우정, 의리, 미래지향적 의미가 있어서 가까운 친구들과 힘을 주고 응원하는 뜻으로 왼손 집게손가락에 우정 반지를 착용하기도 합니다.

오른손 집게손가락: 에너지를 의미합니다.

③ 가운뎃손가락(중지: 영감, 성공)

가운뎃손가락은 집중력, 직관, 성공, 안정감, 화합을 의미합니다.

왼손 가운뎃손가락: 직관과 영감(靈感)의 의미가 있어 예술인, 문인이 왼손 가운뎃손가락에 반지를 끼웁니다.

오른손 가운뎃손가락: 행운 성공을 의미합니다. 이렇게 행운, 성공, 화합 의미가 있어서 탄생석 반지는 오른손 가운뎃손가락에 끼웁니다.

④ 약손가락(약지: 사랑, 이성)

왼손 약손가락: 영원한 사랑을 의미하여 결혼(약혼, 커플)반지를 끼는 손가락입니다. 약손가락의 반지는 사랑과 구속의 의미가 있고 사랑을 받아들인다는 뜻이 있습니다.

오른손 약손가락: 이성(理性), 냉철함을 의미합니다.

⑤ 새끼손가락(소지: 기회, 행운)

왼손 새끼손가락: 새로운 기회와 변화를 의미하고

오른손 새끼손가락: 행운과 소원을 의미합니다.

새끼손가락의 반지는 애끼반지, 또는 핑키링이라고도 불립니다. 새끼손가락 걸고 약속하듯이 뭔가 소원을 들어준다는 의미가 있습니다.

이렇게 손가락의 위치에 따라서 반지의 의미가 다르므로, 사람들은 의미를 담고 싶은 손가락에 반지를 끼고 그 의미와 뜻이 이루어지도록 마음속으로 기원하기도 합니다.

손가락 한자어	왼손 순우리말	반지 이름	의미	오른손 순우리말	반지 이름	의미
무지 (拇指)	엄지손가락	싱글반지	꿈의 실현	엄지손가락	리더반지	권위, 권력
인지 (人指)	집게손가락	우정반지	우정, 의리	집게손가락	에너지반지	에너지
중지 (中指)	가운뎃손가락	예술인반지 (문인반지)	직관, 영감	가운뎃손가락	탄생석반지	성공, 행운
약지 (藥指)	약손가락	결혼반지 (약혼,커플)	영원한 사랑	약손가락	이성반지(理性)	이성,냉철함
소지 (小指)	새끼손가락	변화반지	기회, 변화	새끼손가락	행운반지	행운, 소원

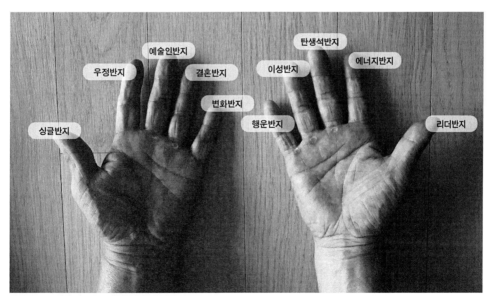

왼손   오른손

5) 결혼 축하 메시지

① 결혼을 축하하며 두 분의 앞날에 행복이 함께하기를 기원합니다.

② 결혼을 축하하며 서로 존중하고 더 많은 사랑 나누는 부부가 되시기 바랍니다.

③ 두 사람의 소중한 결혼을 축하하며 더없이 행복한 부부가 되시기 바랍니다.

④ 가내 경사로 인하여 새 가족 맞으심을 축하드리며 화목한 가정 이루시기를 기원합니다.

⑤ 아드님(따님)의 결혼을 진심으로 축하드리며 앞날의 무궁한 행복을 기원합니다.

⑥ 뜻깊은 결혼을 진심으로 축하하오며 두 분께 축배를 드립니다.

⑦ 두 분의 결혼을 축하하며 앞날에 사랑과 행복이 가득하기를 기원합니다.

⑧ 두 분의 결혼을 축하하며 더욱 화목하고 행복한 가정 이루시기를 기원합니다.

⑨ 세상에서 가장 아름답고 행복한 부부가 되시기 바랍니다. 축하합니다.

⑩ 두 사람의 결혼 생활이 사랑과 행복으로 항상 충만하기를 기원합니다.

⑪ 아름다운 두 분의 만남 영원히 변치 않고 행복한 결혼 생활하시기를 진심으로 기원합니다.

⑫ 첫 만남보다 해를 더하고 시간을 더할수록 아끼고 사랑하며 서로 존중하는 행복한 부부가 되시길 기원합니다.

⑬ 기쁜(축하) 자리에 함께하지 못하여 죄송합니다. 두 분의 앞날에 밝은 웃음과 행복이 가득하기를 기원합니다.

⑭ 결혼식에 참석하여 축하를 드리는 것이 도리이나 일이 있어서 함께하지 못함을 너그럽게 양해하여주시기 바랍니다. 두 분의 결혼을 진심으로 축하합니다.

6) 결혼기념일 명칭

결혼기념일[4]은 해가 더해짐에 따라 일반적으로 다음과 같이 부르고 있습니다.

주년	기념일 명칭	주년	기념일 명칭
1	지혼식(紙婚式)	20	도혼식(陶婚式)
2	고혼식(藁婚式), 면혼식(綿婚式)	25	은혼식(銀婚式)
3	과혼식(菓婚式), 당과혼식(糖菓婚式)	30	진주혼식(眞珠婚式)
4	혁혼식(革婚式), 피혼식(皮婚式)	35	산호혼식(珊瑚婚式)
5	목혼식(木婚式)	40	벽옥혼식(碧玉婚式)
6	강철혼식(鋼鐵婚式)	45	홍옥혼식(紅玉婚式)
7	화혼식(花婚式)	50	금혼식(金婚式)
10	석혼식(錫婚式)	60	회혼식(回婚式)
12	마혼식(麻婚式), 견혼식(絹婚式)	75	금강석혼식(金剛石婚式) 또는 다이아몬드혼식
15	동혼식(銅婚式)		

7) 결혼기념일 축하 메시지

① ○○씨!

우리가 함께 한지도 오늘이 ○주년이 되었어요. 언제나 날 대할 때면 한껏 웃어주는 당신(그대)이 있어서 너무 행복해요. 사랑해요. 여보!

② 우리 결혼기념일을 축하하며 우리 가정의 행복을 위해 더욱 노력합시다. 사랑해요!

③ 오늘은 하늘이 우리를 하나로 묶어준 결혼기념일이에요. 우리 서로 소중히 여기며 살아왔고, 앞으로도 그렇게 살아갈 것입니다. 여보. 사랑해요!

④ 여보! 우리 결혼기념일이에요. 언제나 내 편이 되어준 당신, 인생의 동반자인 당신에게 항상 감사하며 믿고 이해해 주고 따라와 줘서 정말 정말 고마워요. 사랑해요!

---

1)   결혼기념일은 혼인신고를 하는 날이 아니라 결혼식을 올린 날이다.

⑤ 여보! 우리 결혼기념일 축하해요. 때로는 생활에 지치고 힘들어도 지혜롭게 행동하는 당신을 보면 내가 결혼을 참 잘했다는 생각이 들어요. 사랑해요!

⑥ 오늘이 우리 결혼기념일이오. 함께 축하합시다. 결혼 전의 많은 약속 충실히 지켰다고는 말 못 하겠소. 하지만 앞으로 더 떳떳하게 말할 수 있도록 최선을 다하겠소. 사랑하오!

⑦ 우리의 결혼기념일을 축하해요. 당신에게 늘 감사하지만 감사하다는 표현을 못 했어요. 당신을 사랑해요. 앞으로도 더욱 많이 사랑할게요.

⑧ 오늘이 결혼 ○주년이 되는 날이요. 지나온 ○주년 동안 당신이 내 곁에 있어서 늘 행복했소. 언제나 변함없는 당신에게 고맙고 사랑한다는 말을 전하오.

⑨ 여보! 오늘이 결혼 ○주년이 되었소. 당신의 늘어난 주름살을 보면서 얼마나 미안했는지 모르오. 내 평생 늘 함께해준 당신이 있어 행복하오. 내 사랑을 듬뿍 담아 당신에게 보내오.

⑩ 나의 영원한 동반자인 당신의 고마움에 대한 사랑을 가득 담아 보냅니다. 우리의 결혼 ○주년을 축하하며 앞으로 더욱 자랑스러운(사랑스러운) 남편(아내)이 되도록 최선을 다할 것이오. 사랑해요!

8) 출산 축하 메시지

① 순산을 축하하며 산모와 아기의 건강을 기원합니다.

② 득남(득녀)을 축하하며 산모와 아기의 건강을 기원합니다.

③ 사랑스러운(귀여운) 왕자(공주)님의 탄생을 축하하며 산모와 아기의 건강을 기원합니다.

④ 귀여운(예쁜) 조카가 태어나서 너무 기뻐요. 축하해요.

⑤ 언니(형수님)! 축하드려요. 몸조리 잘하시고 귀여운(예쁜) 아기 잘 키우세요.

⑥ 사랑스러운 아가야! 세상과의 첫 만남을 정말 정말 축하한다. 늘 밝고 건강하게 자라라.

9) 입주 및 이전(移轉) 축하 메시지

① 새 보금자리 마련을 진심으로 축하합니다.

② 새 아파트로 입주하심을 진심으로 축하합니다.

③ 새집 마련하신 것을 축하합니다. 가족들과 화목하고 행복한 가정 이루세요.

④ 그간의 노력에 경의를 표하며 새집 마련의 기쁨을 함께하고자 합니다.

⑤ 새집 마련을 진심으로 축하하며 새 마음으로 힘차게 나아가기를 기원합니다.

⑥ 새집 마련한 오늘의 기쁨이 더 화목하고 더 큰 행복으로 이어지기 바랍니다.

⑦ 새 보금자리로 입주하심을 진심으로 축하하며 가정의 화목과 행복을 기원합니다.

⑧ 새 사옥으로의 이전을 축하하며 더 큰 발전 있기를 진심으로 기원합니다.

⑨ 너의 보금자리 마련을 진심으로 축하하며 화목한 가정을 이루기 바란다.

10) 문병 위로(慰勞) 메시지

① 빠른 쾌유를 기원합니다.

② 하루빨리 쾌유하시어 이전보다 더욱 건강하시고 행복하시기를 기원합니다.

③ 위로의 말씀 전하오며 하루빨리 건강을 되찾으시기 바랍니다.

④ 편찮으시다는 소식 듣고 깜짝 놀랐습니다. 하루빨리 건강을 되찾으시기 바랍니다.

⑤ 입원 소식 듣고 정말 놀랐습니다. 하루빨리 예전의 활기찬 모습 뵙고 싶습니다.

⑥ 병환이 속히 나으시어 건강한 모습으로 우리에게 돌아오시기를 기원합니다.

⑦ 퇴원하셨다니 기쁩니다. 몸조리 잘하시어 더욱 건강해지시기 바랍니다.

⑧ 병환 중이라는 말씀 듣고도 찾아뵙지 못하여 죄송합니다. 속히 회복하시길 빕니다.

⑨ 병중이라니 정말 마음이 아프구나. 조심하여 곧 건강을 되찾기 바란다.

⑩ 입원 소식 듣고도 가보지 못하여 정말 미안하구나. 빨리 건강을 되찾기 바란나.

⑪ 너는 용감한 아이이니까 병을 이겨내리라 믿는다. 주님(부처님)이 지켜주실 거야.

11) 조문 애도(哀悼) 메시지

① 뜻밖의 비보에 슬픈 마음을 금할 길 없습니다. 머리 숙여 고인의 명복을 빕니다.

② 삼가 조의를 표하오며 고인의 유덕이 후세에 이어져 빛나기를 빕니다.

③ 평소에 고인의 은덕을 되새기며 삼가 고인의 명복을 빕니다.

④ 큰 슬픔을 위로하며 삼가 고인의 명복을 빕니다.

⑤ 부친(모친)의 별세를 애도하며 삼가 고인의 명복을 빕니다.

⑥ 삼가 조의를 표하오며 주님(부처님)의 위로와 소망이 함께 하기를 기원합니다.

⑦ 주님 안에 영원한 안식을 누리시기를 두 손 모아 기원합니다.

⑧ 삼가 조의를 표하오며 서방정토 극락세계 왕생하시기를 빕니다.

⑨ 부득이한 사정으로 조문하지 못하여 죄송하오며 삼가 고인의 명복을 빕니다.

⑩ 어떠한 위로의 말씀을 드려도 상심이 크시겠지만, 진심으로 애도를 표하며 삼가 고인의 명복을 빕니다.

XIV

전통예절에서
기본이 되는 것들

1. 한국의 효 사상

한국의 효는 주로 가정교육이나 사회교육의 형태로 이루어져 오다가 종교적인 가르침 속에서 부모에 대한 보은의 행실을 익혔으며, 중국의 고전과 유학교서를 통해서도 배워왔고, 고려시대는 충렬왕 때의 문신 추적(秋適)에 의하여『명심보감(明心寶鑑)』이 만들어져서 수신교양서(修身敎養書)로서 널리 보급되어 왔습니다.

조선시대에는 숭유사상과 효가 사회교육의 밑바탕이 되었고, 오늘날까지 이어오고 있습니다.

1) 다섯 가지 효도(孝道)[5]

① **공순(恭順):** 마음으로써 부모를 존경하고 평소에도 경애스러운 마음으로 섬기며 그 뜻을 따르고 불경스러움을 깊이 염려하는 것이 효입니다.

② **부양(扶養):** 자식으로서 부모의 몸을 편안히 하며 받들어 보살피고 봉양함이 효입니다.

③ **안락(安樂):** 부모의 마음을 즐겁게 하고 그 뜻을 알아서 이목(耳目)을 기쁘게 하며, 부모가 자고 쉬는 곳을 편안하게 하는 것이 효입니다.

④ **유지(遺旨):** 부모의 뜻을 이어받아 훌륭하고 값진 삶을 살며 입신양명(立身揚名)하여 건강한 신체를 유지하고 자기의 할 일을 다하는 것이 효입니다.

⑤ **추모(追慕) 또는 제사(祭祀):** 생전에 조상을 공경하는 마음으로 조상을 생각하며, 부모의 숨결을 숭모하여 예로써 추모하고, 상례와 제사에 정성을 다하는 것이 효입니다.

---

5) 출처: 한태원,『한국의 효와 효행』, 남도, 1990

2) 다섯 가지 불효(不孝)[6]

① **타기사지(惰其四支)**: 게을러 자기직분을 소홀히 하고 부모봉양과 가족부양을 소홀히 하는 것은 불효입니다.

② **박혁호음주(博奕好飮酒)**: 음주와 잡기가 지나쳐서 부모봉양과 가족부양을 소홀히 하는 것은 불효입니다.

③ **호화재사처자(好貨財私妻子)**: 지나친 욕심을 부리거나 자기 처와 자녀만을 소중히 하고 부모나 형제를 소홀히 하는 것은 불효입니다.

④ **종이목지욕(從耳目之欲)**: 자기 눈과 귀의 만족만을 채우기 위해서 부모를 욕되게 하는 것은 불효입니다.

⑤ **호용투혼(好勇鬪猂)**: 만용을 부리고 다투기를 잘하여 부모와 가족에게 근심과 걱정을 끼치는 일은 불효입니다.

※ 조선시대에는 신체발부수지부모(身體髮膚受之父母), 즉 '신체와 터럭과 살갗은 부모에게서 받은 것이다'라고 하여 부모에게서 물려받은 몸을 소중히 여기는 것이 효도의 시작이라고 가르쳤는데 이는 『효경(孝經)』에 실린 공자의 가르침입니다.

---

6) 출처: 한시인, 전관수, 『한시어사전』, 국학자료원

2. 삼강(三綱)

① 군위신강(君爲臣綱)

신하는 임금을 섬기는 근본입니다.

[임금과 신하 사이에 지켜야 할 도리]

② 부위자강(父爲子綱)

아들은 어버이를 섬기는 근본입니다.

[어버이와 자식 사이에 지켜야 할 도리]

③ 부위부강(夫爲婦綱)

아내는 남편을 섬기는 근본입니다.

[남편과 아내 사이에 지켜야 할 도리: 오늘날은 아내와 남편이 동등한 위치에서 서로 섬기고 존중

하고 있다.]

3. 오륜(五倫)

① 군신유의(君臣有義)

임금과 신하 사이에는 의로움이 있어야 합니다.

② 부자유친(父子有親)

어버이와 아들 사이에는 친함이 있어야 합니다.

③ 부부유별(夫婦有別)

남편과 아내 사이에는 분별이 있어야 합니다.

④ 장유유서(長幼有序)

어른과 어린아이 사이에는 차례와 질서가 있어야 합니다.

⑤ 붕우유신(朋友有信)

친구 사이에는 믿음이 있어야 합니다.

4. 주자십회(朱子十悔)

① 불효부모사후회(不孝父母死後悔)

　부모에게 효도하지 않으면, 돌아가신 후에 뉘우칩니다.

② 불친가족소후회(不親家族疎後悔)

　가족에게 친절히 하지 않으면, 멀어진 뒤에 뉘우칩니다.

③ 소불근학노후회(少不勤學老後悔)

　젊을 때 부지런히 배우지 않으면, 늙어서 뉘우칩니다.

④ 안불사난패후회(安不思難敗後悔)

　편안할 때 어려움을 생각하지 않으면, 실패한 뒤에 후회합니다.

⑤ 부불검용빈후회(富不儉用貧後悔)

　부유할 때 아껴 쓰지 않으면, 가난하게 된 후에 후회합니다.

⑥ 춘불경종추후회(春不耕種秋後悔)

　봄에 밭 갈고 씨 뿌리지 않으면, 가을이 된 후에 후회합니다.

⑦ 불치원장도후회(不治垣墻盜後悔)

　담장을 미리 고치지 않으면, 도둑맞은 후에 후회합니다.

⑧ 색불근신병후회(色不謹愼病後悔)

　이성을 삼가지 않으면, 병든 후에 후회합니다.

⑨ 취중망언성후회(醉中妄言醒後悔)

술 취해서 망언한 것은, 술 깨고 난 후에 후회합니다.

⑩ 부접빈객거후회(不接賓客去後悔)

손님을 잘 대접하지 않으면, 손님이 떠난 후에 후회합니다.

5. 자신을 되돌아보게 하는 명언

① 수신제가치국평천하(修身濟家治國平天下)

「대학(大學)」에서 유래했습니다.

'자신이 바로 서야 가정이 바로 서고, 가정이 바로 서야 나라가 바로 서고, 나라가 바로 서야 온 세상이 평화롭게 된다.'라는 논리입니다.

대학에서는 격물(格物), 치지(致知), 성의(誠意), 정심(正心), 수신(修身), 제가(齊家), 치국(治國), 평천하(平天下)를 여덟 가지 조목으로 삼아 집안의 다스림을 강조하였습니다.

② 가화만사성(家和萬事成)

「명심보감(明心寶鑑)」의 '치가'에서 유래했습니다.

자식이 효도하면 부모가 즐거워하고, 가정이 화목하면 많은 일이 이루어집니다.
(子孝雙親樂 家和萬事成)라는 말에서 나온 것입니다.

③ 적덕지가 필유여경(積德之家 必有餘慶)

「명심보감(明心寶鑑)」에서 유래했습니다.

'조상이 덕을 쌓은 집안에는 반드시 후손에게 경사가 따른다.'라는 말은 덕을 베풀고 살아야 후손들도 복을 받는다는 의미입니다.

④ 복생어청검 덕생어비퇴(福生於淸儉 德生於卑退)

「명심보감(明心寶鑑)」에서 유래했습니다.

자허원군 성유심문(紫虛元君 誠諭心文曰)에 말하기를 '복은 청렴과 검소함에서 생기고, 덕은 자기를 낮추고 물러서는 데에서 생긴다.'라고 했습니다.

⑤ 군자삼락(君子三樂)

「맹자(孟子)」의 '진심(盡心)'에서 유래했습니다.

맹자가 말한 군자의 세 가지 즐거움은 다음과 같습니다.

첫째, 부모가 살아 계시고 형제에게 아무런 탈이 없는 것이고

　　　(父母俱存 兄弟無故 一樂也 부모구존 형제무고 일락야.)

둘째, 우러러 하늘에 부끄러움이 없고 아래로 굽어 사람들에게 부끄러움이 없는

　　　것이며 (仰不愧於天 俯不怍於人 二樂也 앙불괴어천 부불작어인 이락야.)

셋째, 천하의 영재를 얻어서 이들을 가르치는 것이다.

　　　(得天下英才 而敎育之 三樂也 득천하영재 이교육지 삼락야.)

⑥ 진인사대천명(盡人事待天命)

「삼국지(三國志)」 '수인사대천명(修人事待天命)'에서 유래했습니다.

사람이 일을 행하고 하늘의 명을 기다린다는 '수인사대천명'에서 비롯되었으며, '사람으로서 자신이 할 수 있는 어떤 일이든지 노력하여 최선을 다한 후에 하늘의 뜻을 받아들여야 한다.'라는 의미로 요행을 바라지 말고 최선을 다하라고 강조하는 말입니다.

⑦ 창업이수성난(創業易守成難)

「당서(唐書) 방현령전(房玄齡傳)」에서 유래했습니다.

업(業)을 이룩하기는 쉬우나 이를 지키기는 어렵다는 뜻으로 일을 시작하기는 쉬우나 이룩한 일을 지켜나가기는 어렵다. 즉 이룩한 일을 지키는 것이 중요함을 뜻합니다.

제사와 축문

XV

조선 시대의 왕들

1. 조선 시대 왕조표

순서	묘호		시호	휘(이름)	재위 기간	생몰년월일	비고
-	-	고려		이성계 李成桂	1392.07.17.~ 1393.02.14.		국호를 바꾸지 않고 왕 즉위함
01	태조 太祖	조선	성문신무대왕 聖文神武大王	↓ 이단 李旦	1393.02.15.~ 1398.09.05.	1335.10.11. ~1408.05.24.	국호를 조선으로 바꾼 후의 임기 고황제
		대한 제국	성문신무정의광덕고황제 聖文神武正義光德高皇帝				
		명	강헌(康獻)				
02	정종 定宗	조선	공정의문장무온인순효대왕 (恭靖懿文莊武溫仁順孝大王)	이방과 李芳果 ↓ 이경 李曔	1398.09.05.~ 1400.11.13.	1357.07.01. ~1419.09.26.	영안군
		명	명:공정(恭靖)				
03	태종 太宗	조선	성덕신공건천체극대정계우문무예 철성렬광효대왕 (聖德神功建天體極大正啓佑 文武睿哲成烈光孝大王)	이방원 李芳遠	1400.11.13.~ 1418.08.08.	1367.05.16. ~1422.05.10.	정안군
		명	공정(恭定)				
04	세종 世宗	조선	영문예무인성명효대왕 英文睿武仁聖明孝大王	이도 李祹	1418.08.10.~ 1450.02.17.	1397.04.10. ~1450.02.17.	충녕대군
		명	장헌(莊憲)				
05	문종 文宗	조선	흠명인숙광문성효대왕 欽明仁肅光文聖孝大王	이향 李珦	1450.02.23.~ 1452.05.14.	1414.10.03. ~1452.05.14.	
		명	공순(恭順)				
06	단종 端宗	조선	순정안장경순돈효대왕 純定安莊景順敦孝大王	이홍위 李弘暐	1452.05.18.~ 1455.윤06.11.	1441.07.23. ~1457.10.21.	노산군 노산대군
		명					
07	세조 世祖	조선	지덕융공성신명예흠숙인효대왕(至 德隆功聖神睿欽肅仁孝大王)	이유 李瑈	1455.윤06.11.~ 1468.09.07.	1417.09.29. ~1468.09.08.	진평대군 함평대군 진양대군 수양대군
		명	혜장(惠莊)				
08	예종 睿宗	조선	흠문성무의인소효대왕 欽文聖武懿仁昭孝大王	이황 李晄	1468.09.07.~ 1469.11.28.	1450.01.01. ~1469.11.28.	해양대군
		명	양도(襄悼)				
09	성종 成宗	조선	인문헌무흠성공효대왕 仁文憲武欽聖恭孝大王	이혈 李娎	1469.11.28.~ 1494.12.24.	1457.07.30. ~1494.12.24.	잘산군
		명	강정(康靖)				
10	폐왕		연산군(燕山君)	이융 李㦕	1494.12.29.~ 1506.09.02.	1476.11.06. ~1506.11.06.	연산군

11	중종 中宗	조선	휘문소무흠인성효대왕 徽文昭武欽仁誠孝大王	이역 李懌	1506.09.02.~ 1544.11.15.	1488.03.05. ~1544.11.15.	진성대군
		명	공희(恭僖)				
12	인종 仁宗	조선	헌문의무장숙흠효대왕 獻文懿武章肅欽孝大王	이호 李峼	1544.11.20.~ 1545.07.01.	1515.02.25. ~1545.07.01.	
		명	영정(榮靖)				
13	명종 明宗	조선	헌의소문광숙경효대왕 獻毅昭文光肅敬孝大王	이환 李峘	1545.07.06.~ 1567.06.28.	1534.05.22. ~1567.06.28.	경원대군
		명	공헌(恭憲)				
14	선종 宣宗 ↓ 선조 宣祖	조선	정륜립극성덕홍렬지성대의격천희운 경명신력홍공융업현문의무성예달효 대왕(正倫立極盛德洪烈至誠大義格天 熙運景命神曆弘功隆業顯文毅武聖睿 達孝大王)	이균 李鈞 ↓ 이연 (李昖)	1567.07.03.~ 1608.02.01.	1552.11.11. ~1608.02.01.	하성군
		명	소경(昭敬)				
15	폐왕		광해군(光海君)	이혼 李琿	1608.02.02.~ 1623.03.13.	1575.04.26. ~1641.07.01.	광해군
16	열조 烈祖 ↓ 인조 仁祖	조선	헌문열무명숙순효대왕 憲文烈武明肅純孝大王	이종 李倧	1623.03.13.~ 1649.05.08.	1595.11.07. ~1649.05.08.	능양군 ↓ 능양대군
		청	장목(莊穆)				
17	효종 孝宗	조선	흠천달도광의홍렬선문장무신성현인 의정덕대왕 欽天達道光毅弘烈宣文章武神聖顯仁明 義正德大王	이호 李淏	1649.05.13.~ 1659.05.04.	1619.05.22. ~1659.05.04.	봉림대군
		청	충선(忠宣)				
18	현종 顯宗	조선	소휴연경돈덕수성순문숙무경인창효대 왕(昭休衍慶敦德綏成純文肅武敬仁彰孝 大王)	이연 李棩	1659.05.09.~ 1674.08.18.	1641.02.04. ~1674.08.18.	
		청	장각(莊恪)				
19	숙종 肅宗	조선	현의광륜예성영렬유모영운홍인준덕배 천합도계휴독경정중협극의대훈장문 헌무경명원효대왕(顯義光倫睿聖英烈裕 謨永運洪仁峻德配天合道啓休篤慶正中 恊極神毅大勳章文憲武敬明元孝大王)	이광 李爌 ↓ 이순 李焞	1674.08.23.~ 1720.06.08.	1661.08.15. ~1720.06.08.	
		청	희순(僖順)				
20	경종 景宗	조선	덕문익무순인선효대왕 德文翼武純仁宣孝大王	이윤 李昀	1720.06.13.~ 1724.08.25.	1688.10.28. ~1724.08.25.	
		청	각공(恪恭)				
21	영종 英宗 ↓ 영조 英祖	조선	지행순덕영모의열장의홍륜광인돈희체 천건극성공신화대성광운개태기영요명 순철건건곤녕배명수통경력홍휴중화융 도숙장창훈정문선무희경현효대왕 (至行純德英謨烈章義弘倫光仁敦禧體 天建極聖功神化大成廣運開泰基永堯明 舜哲乾健坤寧配命垂統景曆洪休中和隆 道肅莊彰勳正文宣武熙敬顯孝大王)	이금 李昑	1724.08.30.~ 1776.03.05.	1694.09.13. ~1776.03.05.	연잉군
		청	장순(莊順)				
22	정종 正宗 ↓ 정조 正祖	조선	경천명도홍덕현모문성무열성인장효선 황제 (敬天明道洪德顯謨文成武烈聖仁莊孝宣 皇帝)	이산 李祘	1776.03.10.~ 1800.06.27.	1752.09.22. ~1800.06.27.	선황제
		청	공선(恭宣):후에 폐지함				

23	순종 純宗 ↓ 순조 純祖	조선	연덕현도경인순희체성응명흠광석경계 천배극융원돈휴의행소륜희화준렬대중 지정홍훈철모건시태형창운홍기고명박 후강건수정계통수력건공유범문안무정 영경성효숙황제 (淵德顯道景仁純禧體聖凝命欽光錫慶 繼天配極隆元敦休懿行昭倫熙化峻烈大 中至正洪勳謨乾始泰亨昌運弘基高明 博厚剛健粹精啓統垂曆建功裕範文安武 靖英敬成孝肅皇帝)	이공 李玜	1800.07.04.~ 1834.11.13.	1790.06.18. ~1834.11.13.	숙황제
		사후	연덕현도경인순희문안무정헌경성효대왕 (淵德顯道景仁純禧文安武靖憲敬成孝大王)				
		청	선각(宣恪):後에 폐지함				
24	헌종 憲宗	조선	체건계극중정광대지성광덕홍운장화경 문위무명인철효성황제(體健繼極中正光 大至聖廣德弘運章化經文緯武明仁哲孝 成皇帝)	이환 李烉	1834.11.18.~ 1849.06.06.	1827.07.18. ~1849.06.06.	성황제
		사후	경문위무명인철효대왕 經文緯武明仁哲孝大王				
		청	장숙(莊肅):後에 폐지함				
25	철종 哲宗	조선	희륜정극수덕순성흠명광도돈원창화문 현무성헌인영효장황제(熙倫正極粹德純 聖欽明光道敦元彰化文顯武成獻仁英孝 章皇帝)	이원범 李元範 ↓ 이변 李昪	1849.06.09.~ 1863.12.08.	1831.06.17. ~1863.12.08.	강화도령 덕완군 장황제
		사후	희륜정극수덕순성문현무성헌인영효대왕 (熙倫正極粹德純聖文顯武成獻仁英孝大王)				
		청	충경(忠敬):後에 폐지함				
26	고종 高宗	조선	통천융운조극돈륜정성광의명공대덕 요준순휘우모탕경응명입기지화신열 외훈홍업계기선력건행곤정영의홍휴 수강문헌무장인익정효태황제 (統天隆運肇極敦倫正聖光義明功大 德堯峻舜徽禹謨湯敬應命立紀至化神 烈巍勳洪業啓基宣曆乾行坤定英毅弘 休壽康文憲武章仁翼貞孝太皇帝)	이재황李 載晃 ↓ 이희李熙	왕재위 1863.12.13.~ 1897.10.11. 황제재위 1897.10.12.~ 1907.07.19.	1852.07.25.~ 1919.01.21.	익성군 ↓ 태황제 ↓ 광무제
27	순종 純宗	조선	문온무녕돈인성경효황제 文溫武寧敦仁誠敬孝皇帝	이척李坧	1907.07.19.~ 1910.08.29.	1874.02.08.~ 1926.04.25.	효황제 융희제

※ 참고

① 생몰·연월일 및 재위 기간의 표시는 갑오개혁(1894년 7월) 이전은 음력이고, 이후는 양력입니다.

② 참고자료로 활용한 자료는 「조선왕조실록」, 「승정원일기」, 「선원록」, 「선원계보기략」, 「연려실기술」, 「신도비」입니다.

③ 인조시대부터는 조선 국왕의 시호를 내려주는 주체가 명에서 청으로 바뀌었습니다. 조선 조정은 청에서 내려준 시호를 받기는 하였으나 실제로는 거의 사용하지 않았습니다.

④ 대한제국 수립 후 고종황제는 자신으로부터 4대 위의 왕들과 개국 시조를 황제로 추존하였습니다. 실제로 왕위에 오른 정조, 순조, 헌종, 철종과 왕으로 추존되었던 효장세자, 사도세자, 효명세자 그리고 개국 시조인 태조가 황제로 추존되었고, 이에 따라 명이나 청에서 내려준 추존 황제들의 시호는 폐지되었습니다.

2. 대한제국의 역대 황제

대	묘호	연호	휘(이름)	재위 기간	즉위 전 지위/군호	비고
1대	고종태황제 高宗太皇帝	개국 건양 광무	이재황 李載晃 ↓ 이희 李熙	조선 임금 재위 1863.12.13.~ 1897.10.11. 대한제국 황제 재위 1897.10.12.~ 1907.07.19.	익성군(翼成君)/ 태황제(太皇帝) 광무제(光武帝)	홍릉(洪陵) 합장릉
2대	순종 純宗	융희	이척 李坧	1907.07.19.~ 1910.08.29.	왕세자 →황태자/ 효황제(孝皇帝) 융희제(隆熙帝)	황제 → 왕으로 강등

3. 대한제국의 작위 친왕

1897년 대한제국 선포 후 군의 작위가 친왕으로 격상되었는데, 친왕 또는 왕의 작위를 받은 황족은 다음과 같습니다.

군호	작위	휘(이름)	재위 기간	생몰년월일	비고
흥선대원군 (興宣大院君)	대원왕 (大院王)	이하응 (李昰應)	(왕 작위 추증)	1820.12.21.~ 1898.02.22.	
완화군 (完和君)	완친왕 (完親王)	이선 (李墡)	(친왕 작위 추증)	1868.05.31. ~1880.01.12.	
의화군 (義和君)	의친왕 (義親王)	이강 (李堈)	1900.08.17.~ 1910.08.29.	1877.03.30. ~1955.08.16.	
조선식 군호 없음	영친왕 (英親王)	이은 (李垠)	1900.08.17.~ 1907.08.07.	1897.10.20. ~1970.05.01.	대한제국 시기에 태어남
완흥군 (完興君)	흥친왕 (興親王)	이희 (李熹)	1910.08.15.~ 1919.08.29.	1845.08.22. (음 07.20.) ~1912.09.09.	

4. 기타 참고 사항

1) 조선시대 5대 궁궐

궁궐		경복궁	창덕궁	창경궁	덕수궁 (경운궁)	경희궁
궁궐 성격		정궁(법궁)	이궁	이궁	행궁 (선조대)	이궁
완공년	창건	1395.09.29. (태조 4년)	1405년 (태종 5년)	1483년 (성종 14년)	1593년 (선조26년)	1617년 (광해군9년)
	소실	1592년 임진왜란	1592년 임진왜란	1592년 임진왜란		
	중건	1867.11.16. (고종 4년)	1610년 (광해 2년)	1616년 (광해 8년)		
방향		남향	남향	동향	남향	남향
주요건물	정문	광화문	돈화문	홍화문	대한문	흥화문
	다리	영제교	금천교	옥천교	금천교	
	중문	흥례문→근정문	진선문→인정문	명정문	중화문	숭정문
	정전	근정전	인정전	명정전	중화전	숭정전
	편전	사정전, 천추전, 만추전	선정전→희정당	문정전	준명당	자정전 →흥정당
	침전	강령전	희정당	경춘전, 환경전	함녕전	회상전
	내전	교태전, 자경전	대조전	통명전	준명당	
서양식건물		관문각			정관헌 돈덕전 중명전 석조전	
기타 건물		경회루 항원정 건청궁 태원전 문경전 선원전	승문당 주합루 영화당 부용정 낙선재 연경당	양화당 경춘전 대비와 왕비 들을 위한 건물	석어당 즉조당 원구단 황궁우	

※ 정궁(법궁): 수도 중앙의 기본궁으로 경복궁을 말합니다.
※ 이궁: 별궁외 기능을 수행하는 궁으로 창덕궁, 창경궁, 경희궁이 있습니다.
※ 행궁: 왕이 거동할 때 일정 기간씩 머무는 지방에 있는 궁으로 수원행궁, 남한산성행궁, 북한산성행궁, 강화도행궁, 평양행궁 등이 있었습니다.
※ 정전: 국가의 공식적인 의례가 치러지는 정치의 공간
※ 편전: 임금님의 일상적인 집무시설
※ 침전: 임금님과 가족의 일상적인 생활을 담당하는 시설(중궁침소, 대비침소, 동궁침소, 빈궁침소)
※ 내전: 왕과 왕비의 사적 공간

2) 조선시대 품계 제도

① 문반과 무반

조선시대의 문반과 무반의 관제는 대등하지만 문반이 실질적으로 우위에 있었습니다. 무반 1, 2품은 문반이 겸직하였고, 실제 당상관에 있는 정3품 상계인 절충장군이 무반의 최고 자리였습니다. 또한 무반의 관직은 중추부·5위도총부·내금위·훈련원·세자우익사에 국한되어 있었으나 문반은 전 관직에 고루 분포해 있었습니다.

② 관품

관품은 9품계이며 정(正)·종(從)을 두어 18등급으로 나누고, 1품에서 6품까지는 상·하계로 세분하여 30단계의 서열이 존재하였습니다. 즉, 9품 18등급 30단계입니다. 중요정책 결정에 참여하고 관찰사(觀察使)가 되려면 당상관이어야 했고, 참상관 이상이어야 목민관(牧民官)에 임명될 수 있었으며, 참하관(參下官)은 국정의 사소한 업무를 보는 하위 관료였습니다.

③ 증(贈)과 추증(追贈)

- 증: 관료나 국가에 공이 있는 자가 살아있을 때 또는 죽은 후 장사 지내기 이전에 받은 벼슬을 말합니다.
- 추증: 장사 후에 받은 벼슬을 말합니다. 돌아가신 아버지는 아들과 같은 품계와 벼슬이 추증될 수 있었고, 조부는 1등급, 증조부는 2등급 낮게 추증될 수 있었습니다.

④ 행수법

품계에는 행수법(行守法)이 적용되었습니다. 품계는 높은데 직책이 낮을 때는 직책 앞에 행(行), 품계는 낮은데 직책이 높을 경우 직책 앞에 수(守)를 써서 직위와 직책의 다름을 구분하였습니다.

㉑ 이율곡 아버지 이원수의 경우

　　종1품인 의정부 좌찬성인데 정6품인 사헌부감찰을 맡았으므로

　　이율곡 아버지 이원수

　→ 증 숭정대부 의정부 좌찬성 행 사헌부감찰 덕수이공휘원수지묘

　　　(贈 崇政大夫 議政府 左贊成 行 司憲府監察 德水李公諱元秀之墓)

　　이율곡 어머니 신사임당

　→ 증 정경부인 평산신씨 부

　　　(贈 貞敬夫人 平山申氏 祔)

㉑ 통정대부에게 이조판서를 맡긴 경우

※ 정3품인 통정대부(通政大夫)가 정2품인 이조판서(吏曹判書)를 맡으면

　　通政大夫 守 吏曹判書(통정대부 수 이조판서)

⑤ 처사(處士)와 학생(學生)과 유인(孺人)

- 처사(處士): ① 양반 중에서 벼슬은 못했으나 학식이 있는 사람
　　　　　　　 ② 나라에서 내린 벼슬을 거절하고 초야에 묻혀 살던 선비
- 학생(學生): 벼슬을 하지 못하고 돌아가신 분
- 유인(孺人): 9품(종사랑, 장사랑)의 관직을 가진 사람의 처에게 주어지는 작호(爵號)

　엄격히 말하면 처사, 학생의 부인에게 유인이란 작호는 맞지 않습니다. 하지만 처사, 학생은 가장 낮은 단계인 종9품 대우를 해서 부인을 유인(孺人)이라고 씁니다.

　현대에서는 관(官, 종5품이나 정6품)자가 들어간 사무관(5급) 이상에 비석, 위패, 지방에 관직을 쓰는 것이 일반적인 관행입니다. (문중에 따라서는 종9품인 참봉도 비문에 새겨 넣기도 합니다.)

교원은 교감 이상, 공직자는 5급 이상, 일반 회사는 부장 이상일 때 족보에 등재하는 것이 일반적인 관례입니다. 교원은 등급이 없는 특수직이지만 일반 관례 등을 참조하여 교장(校長)은 4급인 서기관으로 보며, 교감(校監)은 5급으로 봅니다.

3) 조선시대 품계 및 관직표(9품 18등급 30단계)

현직급	품	계	관계명	외명부	위계	대감영감	관직
국무총리	정1품	상계	(문) 대광보국숭록대부	정경부인貞敬夫人	당상관	대감	(문) 삼정승(영의정, 좌의정, 우의정), 도제조 (무) 영사, 도제조, 대장
		하계	(문) 보국숭록대부 (무) 숭록대부				
부총리	종1품	상계	(문) 숭록대부 (무) 숭록대부				(문) 좌찬성, 우찬성, 판사, 제조 (무) 판사
		하계	(문) 숭정대부 (무) 숭정대부				
장관 차관 도지사	정2품	상계	(문) 정헌대부 (무) 정헌대부	정부인貞夫人			(문) 6조판서, 지사, 좌참찬, 우참찬, 홍문관대제학, 한성판윤 (무) 5위도총관, 지사, 제조
		하계	(문) 자헌대부 (무) 자헌대부				
차관보	종2품	상계	(문) 가정대부 (무) 가의대부			영감	(문) 참판, 대사헌, 동지사, 상선 (무) 동지사, 5위부총관 (지) 관찰사, 부윤, 병마절도사, 3도수군통제사
		하계	(문) 가선대부 (무) 가선대부				
1급 관리관	정3품	상계	(문) 통정대부 (무) 절충장군	숙부인淑夫人			(문) 참의, 직제학 (무) 첨지사, 별장 (지) 목사, 병마절제사, 수사, 대도호부사
		하계	(문) 통훈대부 (무) 어모장군	숙인淑人	당하관		(문) 정, 직제학, 상호군, 승문원판교, 사옹원 제거 (무) 통례원, 좌통례
2급 이사관	종3품	상계	(문) 중직대부 (무) 건공장군				(문) 사간, 집의 (무) 대호군, 부장 (지) 도호부사, 병마첨절제사
		하계	(문) 중훈대부 (무) 보공장군				
3급 부이사관	정4품	상계	(문) 봉정대부 (무) 진위장군	영인令人			(문) 의정부사인, 사헌부장령 (무) 호군(군호)
		하계	(문) 봉렬대부 (무) 소위장군				
	종4품	상계	(문) 조산대부 (무) 정략장군				(문) 경력, 첨정 (무) 경력, 부호군, 첨정 (지) 군수, 병마동첨절제사, 만호
		하계	(문) 조봉대부 (무) 선략장군				

급	품	상계/하계	문/무	중급	참상/참하	관직
4급 서기관 군수,국장	정5품	상계	(문) 통덕랑 (무) 의충위	공인 恭人	참상관	(문) 정랑, 별좌. 교리 (무) 사직
		하계	(문) 통선랑 (무) 의교위			
5급 사무관 과장, 면장	종5품	상계	(문) 봉직랑 (무) 현신교위			(문) 도사, 판관 (무) 도사, 부사직, 판관 (지) 도사, 판관, 현령
		하계	(문) 봉훈랑 (무) 창신교위			
	정6품	상계	(문) 승의랑 (무) 돈용교위	의인 宜人		(문) 좌랑, 주부, 정언, 감찰, 별제
		하계	(문) 승훈랑 (무) 진용교위			
	종6품	상계	(문) 선교랑 (무) 여절교위			(문) 교수, 주부 (무) 부장, 수문장, 종사관 (지) 찰방, 현감, 교수, 병마절제도위
		하계	(문) 선무랑 (무) 병절교위			
6급 주사	정7품		(문) 무공랑 (무) 적순부위	안인 安人	참하관	(문) 주서, 찬군, 사안, 박사, 봉교, 전율, 설서 (무) 사정, 참군
7급 주사보	종7품		(문) 계공랑 (무) 분순부위			(문) 직장, 선부, 전회, 부사안, 산사, 선회, 조기 (무) 부사정
	정8품		(문) 통사랑 (무) 승의부위	단인 端人		(문) 사록, 부직장, 사포, 별검, 저작, 시교, 학정, 전음 (무) 사맹, 좌시직
8급	종8품		(문) 승사랑 (무) 수의부위			(문) 봉사, 훈부, 전곡, 상문, 부사포, 계사 (무) 부사맹
8급 서기	정9품		(문) 종사랑 (무) 효력부위	유인 孺人		(문) 부봉사, 정자, 훈도 (무) 사용
9급 서기보	종9품		(문) 장사랑 (무) 전력부위			(문) 참봉, 팽부, 부사소, 회사, 공작, 학한, 부정자, 부전승, 지도 (무) 부사용, 별장, 권관

※ 보기: 문관은 (문)으로, 무관은 (무)로, 지방직은 (지)로 나타내었습니다.

※ 왕, 왕비, 세자, 세자빈, 세손, 대군, 공주, 군, 옹주는 원래 무계입니다.

※ 평상시에 무관은 정3품인 절충장군까지 진출할 수 있었고, 그 이상의 관직은 문관이 겸임하였습니다.

※ 과거시험은 문과, 무과, 잡과가 있었으며, 소과(문과)는 생원·진사시로 합격한 사람들은 성균관 입학 자격이 주어졌고 드물게는 하급관리 등용이 주어졌습니다. 대과(문과)는 관리의 등용자격시험으로 33인을 선발하여 등용(식년시, 중광시, 알성시, 별시가 있었음)했습니다.

4) 조선시대 무관 계급

품계	관직	설명	임진왜란 시 재임자
정1품 (참모총장급)	도제조	의정(議政)이나 의정을 지낸 사람을 임명하였으나, 실무에는 종사하지 않는 자문 명예직	
종1품 (군사령관급)	제조		
정2품 (군단장급)	도총관(都摠管)	조선 시대 오위도총부(五衛都摠府)에서 군무(軍務)를 총괄하던 최고 관직	
	도원수(都元帥)	일반적으로 전시에 부여되는 임시 관직 군정(軍政) 양쪽을 통솔하는 역할로 인해 보통 문관 중에서 최고위 관료가 임명되었음	권율 (원래 문관임)
	장용사	장용영: 조선 후기에 만들어진 국왕 호위 군대	
종2품 (중장급)	감사(監司): 관찰사	각 도의 행정 최고 책임자	
	병사(兵使): 부총관 병마절도사	각 도의 육군 최고 책임자(감사보다 아래 계급)	
	겸사복장	겸사복: 국왕 호위를 맡은 정예 기병대	
	별장(용호령)		
	수군통제사	충청수영, 전라좌우수영, 경상좌우수영의 삼도 수군을 모두 통제	이순신, 원균
	내금위장 (영조때 정3품으로 변경)	내금위: 왕의 호위군 내금위장은 따로 뽑지 않고 보통 다른 관직과 겸직	
	중군(中軍)		
정3품 (소장급:사단장)	병마절제사		
	수사(水使): 수군절도사	각 도의 수군을 지휘, 감독	이순신, 원균, 이억기
종3품 (준장급:여단장)	첨사(僉使): 병마첨절제사		
	첨사(僉使): 수군첨절제사		
	병마우후(兵馬虞候)		
	도호부사(都護府使)		동래부사 송상현
정4품 (대령급:연대장)	수군우후(水軍虞候)		
	군후		
	수문장(守門將)	도성 수문장, 왕궁 수문장, 각전 수문장	
종4품 (중령급:대대장)	병마동첨절제사		
	만호(萬戶)	주민가구수가 1만가구정도의 행정 치안 수비병력 지휘	

정5품 (소령급)	사직(司直)		
종5품	판관(判官)		
정6품 (대위급)			
종6품 (중위-대위급)	종사관(從事官)		
	주부(主簿)		
	현감(縣監)		
	척후장(斥候將)	총리영(摠理營)에 두었던 무관직	
정7품 (중위급)	사정(司正: 正七品)		
	참군(參軍)		
종7품 (고참소위급)	부사정(副司正: 從七品)		
정8품 (소위급)	사맹(司猛)		
	좌시직(左侍直)	세자를 호위하는 세자익위사(世子翊衛司)에 소속 된 무관	
종8품 (상사급)	부사맹(副司猛: 從八品)		
	봉사(奉事)		
정9품 (상,중사급)	사용(司勇: 正九品)		
	좌세마(左洗馬),우세마(右洗馬)	세자를 호위하는 세자익위사(世子翊衛司)에 소속 된 무관	
종9품 (하사급)	부사용 별장(副司勇: 從九品)		
	권관(權管)		

권율 장군은 1582년(선조 15년) 식년문과에 병과로 급제해 승문원정자가 되었던 문관
출신입니다. 전적·감찰·예조좌랑·호조정랑·전라도도사·경성판관을 지냈습니다. 1592년
임진왜란이 일어나자 광주목사에 제수되어 바로 임지로 떠났습니다.

평상시 무관은 정3품까지 진출할 수 있으나 이순신 장군과 원균 장군이 종2품까지
올라갈 수 있었던 것은 임진왜란이라는 특수 상황 때문입니다.

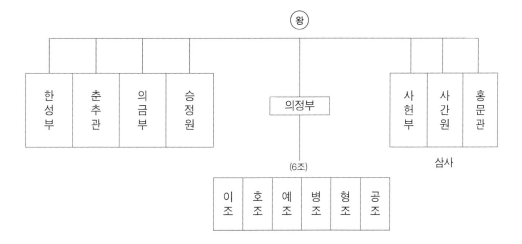

① 의정부(議政府): 백관(百官)을 통솔하고 서정(庶政)을 총리하던 조선시대 최고의 행정기관

② 3사(三司): 홍문관, 사헌부, 사간원

- 홍문관(弘文館, 대제학): 집현전의 후신으로 문필기관이나 왕의 자문에도 응하고 고문의 역할 수행 일명 옥당(玉堂)이라고도 함. 4대 세종 때의 집현전을 9대 성종 때에 홍문관으로 바꾸어 설치하였음

- 사헌부(司憲府, 대사헌): 언론 활동, 풍속 교정, 백관에 대한 규찰과 탄핵 등을 관장하던 관청

- 사간원(司諫院, 대사간): 국왕의 과실과 정사의 득실을 논하는 간쟁기관

③ 한성부(漢城府): 수도의 행정과 경찰사무 업무 담당, 전국의 호적을 3년마다 조사하는 업무(후기)

④ 춘추관(春秋館, 영사, 지사): 역사를 기록하는 일을 맡아보던 관청

⑤ 의금부(義禁府, 판사): 사법기관으로 양반의 치죄를 맡아보던 관청

⑥ 승정원(承政院): 왕명의 출납을 관장하던 관청(오늘날 대통령 비서실)

XVI

대한민국의 대통령들

1. 역대 대통령들

대	대통령 출생지 학력	배우자 출생지 학력	재위 기간	대통령 생몰년월일	재임 중 업적 및 사건
01 02 03	이승만 (李承晚) ·황해도 평산 ·프린스턴대 대학원 국제정치학 박사	프란체스카 도너 ·오스트리아 인 처스도르프 ·빈상업전문학교	1948.07.24.~ 1960.04.27. (약 11.09년)	1875.03.26.~ 1965.07.19.	•대한민국 건국을 위해서 노력한 대통령 •1953.10.01. 한미상호 방위 조약 채결로 국가 안보 강화
04	윤보선 (尹潽善) ·충남 아산 ·에든버러대 고고학 학사	공덕귀 (孔德貴) ·경남 통영 ·요코하마 공립 여자신학교	1960.08.13.~ 1962.03.24. (약 1.07년)	1897.08.26.~ 1990.07.18.	•1960.06.15. 의원내각제 헌법 개정으로 1960.08.13. 대한민국 최초 의원내각제 정부 출범
대통령 권한 대행	박정희 (朴正熙)	육영수 (陸英修)	1962.03.24.~ 1963.12.16. (약 1.09년)	1917.11.14.~ 1979.10.26.	•「국가재건비상조치법」에 따라서 국가재건최 고회의 의장 자격으로 권한대행을 함
05 06 07 08 09	박정희 (朴正熙) ·경북 구미 ·대구사범학교(1937) ·만주국 육군 군관학교 (1942) ·일본육군사관학교 (1944)	육영수 (陸英修) ·충북 옥천 ·배화여고	1963.12.17.~ 1979.10.26. (약 15.10년)	1917.11.14.~ 1979.10.26.	•1965.06.22. 한일협정 체결 •중공업 육성 •1974.08.15. 지하철 개통 서울역 ↔ 청량리 •경제개발 및 경제육성 •1964.09.~1973.03. 한국군 베트남전쟁 파병 •1972.12.05. 통일주체국민회의 출범
대통령 권한 대행	최규하 (崔圭夏)	홍기 (洪基)	1979.10.26.~ 1979.12.06. (약 42일)	1919.07.16.~ 2006.10.22.	•「대통령이 사망」하여 국무총리 자격으로 대행을 함
10	최규하 (崔圭夏) ·강원도 원주 ·도쿄고등사범학교	홍기 (洪基) ·충북 충주 ·정규 교육 받지 않음	1979.12.06.~ 1980.08.16. (약 0.08년)	1919.07.16.~ 2006.10.22.	•재임 기간이 8개월로 너무 짧아서 뚜렷한 업적이 없음
11 12	전두환 (全斗煥) ·경남 합천 ·육군사관학교 학사	이순자 (李順子) ·만주국 신징 (지린성 창춘) ·이화여대 의과 (중퇴)	1980.08.27.~ 1988.02.24. (약 7.06년)	1931.01.18.~ 2021.11.23.	•1981.09.30. 1988 서울올림픽 유치 •1981.11.26. 1986 아시안게임 유치 •대통령 단임제 약속 이행 •교육법 개정 •1982 야구부 창설 •1983 축구부 창설
13	노태우 (盧泰愚) ·대구광역시 ·육군사관학교 학사	김옥숙 (金玉淑) ·경북 청송 ·경북대 가정학 과(중퇴)	1988.02.25.~ 1993.02.24. (5년)	1932.12.04.~ 2021.10.26.	•1991.09.17. 남북한 UN 동시 가입(북한 160 번째, 한국 161번째) •1988.09.17.~1988.10.02. 서울올림픽 개최 •대전 엑스포 유치 •1991 새만금 간척사업 시작 •태양광발전 권장

14	김영삼 (金泳三) ·경남 거제 ·서울대 철학과 학사	손명순 (孫命順) ·경남 김해 ·이화여대 약학 학사	1993.02.25.~ 1998.02.24. (5년)	1927.12.20.~ 2015.11.22.	• 1993.08.07.~1993.11.07. 대전 엑스포 개최 • 금융실명제 실시 • 대형 사고 발생 1994.10.21. 성수대교 붕괴 1995.06.29. 삼풍백화점 붕괴 • IMF 시대 (1997.12.03. 외환 위기 국제구제 금융 합의 각서 체결)
15	김대중 (金大中) ·전남 신안 ·목포 상고 ·모스크바대 외교대 학원 정치학 박사	이희호 (李姬鎬) ·서울특별시 ·스카릿대 대학원 사회학 석사	1998.02.25.~ 2003.02.24. (5년)	1924.01.06.~ 2009.08.18.	• 2000.06.13.~2000.06.15. 남북정상회담 • 2000.12.04. IMF 극복 (구제금융 차관 완전 상환) • 2000.12.10. 노벨평화상수상 • 2002.05.31.~2002.06.30. 한·일 월드컵 개최
16	노무현 (盧武鉉) ·경남 김해 ·부산 상고	권양숙 (權良淑) ·경남 마산 ·계성여상 (중퇴)	2003.02.25.~ 2008.02.24. (5년)	1946.09.01.~ 2009.05.23.	• 2004.04.01. 세계 5번째 고속철도 개통 국가 • 2004.07.01. 주5일제 근무 시작 • 지방분권화의 기틀 마련 (행정수도, 혁신도시 추진)
17	이명박 (李明博) ·일본 ·고려대 경영학과 학 사	김윤옥 (金潤玉) ·경남 진주 ·이화여대 보건 교육학과 학사	2008.02.25. ~2013.02.24. (5년)	1941.12.19.~	• 2010.11.11.~2010.11.12. G20 정상회의 개최 (경제·금융 논의를 위한 회의) • 2011.07.07. 평창 동계올림픽 유치 • 2012.03.26.~2012.03.27. 핵안보정상회의(서울) • 4대강 사업 완료
18	박근혜 (朴槿惠) ·대구광역시 ·서강대 전자공학과 학사	없음	2013.02.25. ~2016.12.09. (약 3.10년)	1952.02.02.~	• 전두환 전 대통령 추징금 환수 및 국방비 증가 • 해군력 증강 • 이석기 등 종북(좌파) 세력 척결 • 사드 배치 추진 안보 강화 • 헌정사상 첫 탄핵으로 대통령직 박탈당함
19	문재인 (文在寅) ·경남 거제 ·경희대 법학과 학사	김정숙 (金正淑) ·서울특별시 ·경희대 성악과 학사	2017.05.10. ~2022.05.09. (5년 예정)	1953.01.24.~	• 적폐청산 추진으로 민심분열 • 원자력발전소 신축 중단 • 태양광 설치 적극 장려 • 2019.07. 일본 디스플레이, 반도체 소재 3개 품목 한국 수출규제 • 2019.08. 일본 한국 화이트리스트 배제 • 코로나(COVID-19) 발병과 확산으로 경제적 어려움 겪음

※ 참고

① 김대중 대통령은 1992년 러시아 모스크바대 외교대학원에서 「한국:민주주의의

드라마와 소망」이란 논문으로 정치학 박사 학위를 받았습니다.

2. 역대 대통령권한대행들

1) 허정(1기) 대통령권한대행

생몰년월일	1896.04.08.~1988.09.18.		대행 기간	1960.04.27.~1960.06.15.	
출생지	부산광역시	학력	보성전문학교	행정부명	없음
비고	이승만 대통령이 사임하여 대통령의 권한을 헌법에 따라 수석국무위원 자격으로 대행하였음				

2) 곽상훈 대통령권한대행

생몰년월일	1896.10.21.~1980.01.19.		대행 기간	1960.06.15.~1960.06.23.	
출생지	부산광역시	학력	경성공업전문학교	행정부명	없음
비고	이승만 대통령이 사임하여 아직 뽑히지 않은 대통령의 권한을 헌법에 따라 민의원 의장 자격으로 대행하였음				

3) 허정(2기) 대통령권한대행

생몰년월일	1896.04.08.~1988.09.18.		대행 기간	1960.06.23.~1960.08.07.	
출생지	부산광역시	학력	보성전문학교	행정부명	없음
비고	이승만 대통령이 사임하여 아직 뽑히지 않은 대통령의 권한을 헌법에 따라 민의원 의장 자격으로 대행하였음				

4) 백낙준 대통령권한대행

생몰년월일	1896.03.09.~1985.01.13.		대행 기간	1960.08.08.~1960.08.12.	
출생지	평북 정주	학력	예일대학교 대학원	행정부명	없음
비고	이승만 대통령이 사임하여 아직 뽑히지 않은 대통령의 권한을 헌법에 따라 참의원 의장 자격으로 대행하였음				

5) 박정희 대통령권한대행

생몰년월일	1917.11.14.~1979.10.26.		대행 기간	1962.03.24.~1963.12.16.	
출생지	경북 구미	학력	일본육군사관학교	행정부명	혁명정부
비고	윤보선 대통령이 사임하여 사임한 대통령의 권한을 「국가재건비상조치법」에 따라 국가재건 최고회의 의장 자격으로 대행하였음				

6) 최규하 대통령권한대행

생몰년월일	1919.07.16.~2006.10.22.		대행 기간	1979.10.26.~1979.12.06.	
출생지	강원도 원주	학력	도쿄고등사범학교	행정부명	없음
비고	박정희 대통령이 사망하여 대통령의 권한을 헌법에 따라 국무총리 자격으로 대행하였음				

7) 박충훈 대통령권한대행

생몰년월일	1919.01.19.~2001.03.16.		대행 기간	1980.08.16.~1980.08.27.	
출생지	제주도	학력	교토 도시샤(同志社) 고등상업학교, 국방대학교	행정부명	없음
비고	최규하 대통령이 사임하여 대통령의 권한을 헌법의 관습적 해석에 따라 국무총리서리 자격으로 대행하였음				

8) 고건 대통령권한대행

생몰년월일	1938.01.02.~		대행 기간	2004.03.12.~2004.05.14.	
출생지	서울특별시 (본적: 전북 옥구)	학력	서울대학교	행정부명	없음
비고	노무현 대통령이 직무가 정지되어 대통령의 권한을 헌법에 따라 국무총리 자격으로 대행하였음				

9) 황교안 대통령권한대행

생몰년월일	1957.04.15.~		대행 기간	2016.12.09.~2017.05.10.	
출생지	서울특별시	학력	성균관대학교 대학원	행정부명	없음
비고	박근혜 대통령이 직무가 정지되어 대통령의 권한과 아직 뽑히지 않은 대통령의 권한을 헌법에 따라 국무총리 자격으로 대행하였음				

※ 참고

대한민국 의전서열(國家儀典序列)

국가 의전서열은 관련 법 조항이나 관행에 따라 일반적으로 알려진 의전서열입니다.

의전서열 5위까지는 경호원의 경호를 받는 특혜가 주어진다. 하지만 '의전서열이 권력서열'은 아닙니다.

1위 대통령: 국가원수 및 행정부 수장

2위 국회의장: 입법부 수장

3위 대법원장: 사법부 수장

4위 헌법재판소장

5위 국무총리

6위 중앙선거관리위원장: 대법관 겸임

7위 여당 대표

8위 야당 대표(국회 교섭단체)

9위 국회부의장(2명): 부총리급

10위 감사원장: 부총리급

3. 현행 공무원 계급표

계급	행정부					
	일반 공무원	경찰 공무원	교정직 공무원	소방 공무원	군인	검찰
원수	대통령					
총리	국무총리					
부총리	감사원장					
장관	각부 장관 국정원장 교섭본부장				국방장관 대장 합참정, 부의장 참모총장 군사령관	검찰총장 대검검사장
차관	국무총리실장 각부차관 처장, 청장	치안총감	교정본부장	소방총감	국방차관	고검검사장
준차관	교육원장				중장 군작전사령관 해병대사령관	대검차장검사 지검검사장 지검차장검사
차관보	차관보	치안정감			중장 군단장	
1급	관리관		교정관리관	소방정감	소장	
2급	이사관	치안감	교정이사관	소방감	준장	
3급	부이사관	경무관	교정부이사관	소방준감	대령	지검부장검사
4급	서기관	총경	교정감(서기관)	소방정	중령	부부장검사 평검사
5급	사무관	경정	교정관	소방령	소령 군법무관	사법연수원생 사무관
6급 갑	주사	경감	교감	소방경	대위	주사
6급 을		경위			중위	
7급	주사보	경사	교위	소방위 소방장	소위 준위	주사보
8급	서기	경장	교사	소방교	원사 상사 중사	서기
9급	서기부	순경	교도	소방사	하사	서기보
의무 복무	4등급	수경	수교	수방	병장	이 표 중 행정부쪽의 비교는 인사혁신처 예규 제5호 호봉확정을 위한 상당계급구분을 참고하였음
	3등급	상경	상교	상방	상병	
	2등급	일경	일교	일방	일병	
	1등급	이경	이교	이방	이병	

참고문헌

1. 가정생활연구회, 가정의례 서식보감 관혼상제 가례서식 전통식 현대식, 2014.

2. 경기도예절교육원, 생활속의 전통예절, 수원:경기도교육청, 1997.

3. 교보편집부, 예절과 가정의례, 서울:Happy & Books, 2013.

4. 문화재청 조선왕릉관리소, 조선왕릉과 왕실계보 자료, 2017.

5. 박영규, 한 권으로 읽는 조선왕조실록, 서울:도서출판 들녘, 1996.

6. 사상사회연구소, 관혼상제, 도서출판 사사연, 2016.

7. 생활예절연구회, 예절과 관혼상제, 매일출판, 2006.

8. 유덕선, 冠婚喪祭 家禮百科(가례백과), 서울:금유출판사, 1994.

9. 전관수, 한시어사전, 국학자료원, 2002-7.

10. 하태완, 『제사와 축문』, 북랩, 2018.